ACCORDS AU PIANO

accompagner pop sans lire les notes

PARTIE I : TRIADES, SEPTIÈMES, GROOVES, ETC.

humm

Les accords au piano, partie 1
Tijs Krammer

ISBN 9789083422169

Images, mise en page et couverture : Tijs Krammer
Traduction du néerlandais : Tijs Krammer & Ingrid Bolwijn
Photo de couverture arrière : Allard Willemse

Table des matières

Bloc 4

Index

Notation français et anglais des notes   99

Glossaire   101

Introduction

Avec ce livre, vous apprendrez facilement à accompagner des chansons au piano. Il n'est pas nécessaire de savoir lire la musique pour profiter des leçons. Vous apprendrez les accords de manière simple, grâce à des images, comme celle-ci :

Ainsi, vous apprendrez rapidement à maîtriser les accords. En seulement une demi-heure, vous serez déjà capable d'accompagner votre première chanson.

Chaque leçon dure environ 30 à 45 minutes selon votre niveau. Le livre est divisé en quatre blocs, chacun contenant neuf leçons, soit un total de 36 leçons. Dans chaque bloc, vous explorerez de nouveaux accords, des techniques rythmiques variées et de nouvelles chansons à jouer.

Votre instrument

Évitez d'utiliser une application de piano sur smartphone ou tablette, car vous ne sentirez pas les touches sous vos doigts et vous n'entendrez pas vraiment ce que vous jouez. Assurez-vous donc de disposer d'un véritable instrument, de préférence un piano ou un clavier.

Les chansons

Ce livre contient de nombreuses chansons d'artistes tels qu'Ed Sheeran, The Beatles, Alicia Keys, Queen ou encore les Black Eyed Peas. Les chansons couvrent des styles et des époques variés. Chacune d'elles a été un succès, et vous en connaissez donc probablement la plupart. Les chansons sont présentées en partie pour rendre les leçons concises. Dans la plupart des cas, le refrain est présenté, car c'est la partie la plus reconnaissable de la chanson. Cependant, dans certains cas, une autre section est choisie.

Pour jouer une chanson en entier, il vous faudra chercher les accords par vous-même sur Internet. Dans la troisième leçon, vous apprendrez comment procéder. Les chansons de ce livre ont été sélectionnées de façon à ce que, dans les autres parties de chaque chanson, vous ne rencontriez pas d'accords inconnus.

Écouter

Dans les leçons, vous trouverez des références à de courts extraits, disponibles sur le site *www. hummpublishing.nl/audio*.

La théorie

Pour jouer des accords, il est essentiel de savoir quelles touches utiliser. De plus, il est important de comprendre la construction des accords et d'avoir quelques notions sur les gammes et les armures. Pour éviter que les leçons ne deviennent difficiles ou ennuyeuses, les concepts théoriques sont introduits par petites portions, en alternance avec d'autres sujets. Chaque fois que vous rencontrez un mot inconnu, consultez le glossaire.

Peut-être serez-vous tenté de sauter le texte dans les leçons et de ne regarder que les images. Il est préférable de lire aussi les explications. Ainsi, vous comprendrez mieux comment les accords sont construits. Avec le temps, vous serez capable de créer vos propres accords et de développer votre créativité au piano.

J'espère de tout cœur que vous apprécierez ces leçons !

Tijs Krammer

Bloc 1

Un premier accord : C

Commençons par un accord simple en utilisant uniquement des touches blanches :

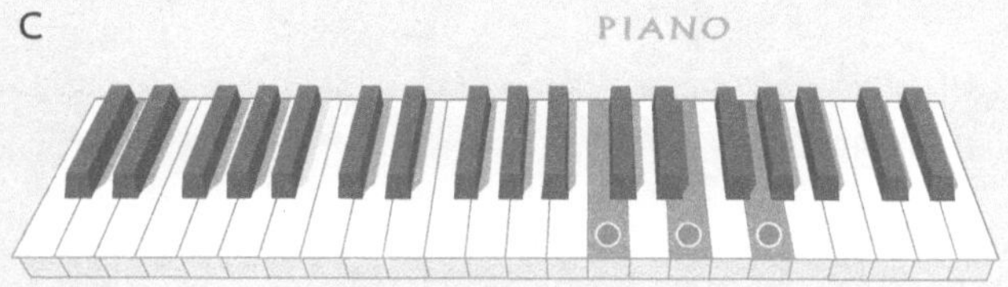

Cet accord est désigné par la lettre C. Pour cet accord, vous jouez trois touches. La touche la plus à gauche est appelée *do*. Pour repérer cette touche blanche, observez les touches noires. Sur le clavier, vous remarquerez des groupes de deux et de trois touches noires. La touche *do* se situe directement à gauche d'un groupe de deux touches noires.

Jouez la touche *do* située au centre du clavier, à l'emplacement de la marque du piano. C'est pourquoi, sur les images, nous avons placé le mot « piano » à cet endroit.

L'accord C ressemble à ceci :

La note de basse

L'accord que vous venez de jouer sonnera plus chaleureux et plus complet si vous ajoutez une touche plus à gauche :

Cette touche, également appelée *do*, se trouve aussi directement à gauche d'un groupe de deux touches noires.

Les sons graves, situés sur le côté gauche du clavier, sont appelés notes de basse. Dans un groupe de rock, ces sons sont généralement joués par la basse.

Jouez la note de basse avec la main gauche et les trois touches hautes avec la main droite. Utilisez le pouce, le majeur et l'auriculaire pour les trois touches à droite. Au début, cela peut paraître inconfortable, mais si vous vous habituez à cette technique dès maintenant, il vous sera plus facile de passer d'un accord à l'autre par la suite.

Pour vous aider à déterminer quels doigts utiliser pour les accords, nous avons ajouté des chiffres aux diagrammes. Le 1 désigne le pouce et le 5 désigne l'auriculaire :

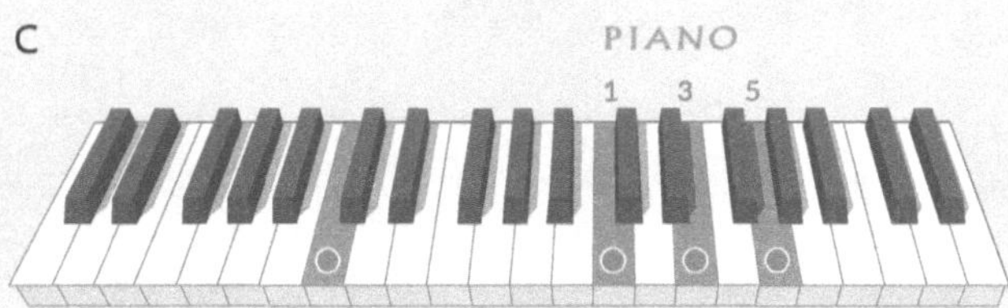

Les rythmes

Vous pouvez créer différents rythmes avec la main gauche et la main droite. Pour commencer, jouez avec la main droite sur chaque temps et la note de basse avec la main gauche uniquement sur le premier et le troisième temps.

Ce schéma doit être lu de haut en bas. Dans ce cas, il y a quatre temps. À droite de chaque temps, les touches à jouer sont indiquées. Le groupe de trois points rapprochés représente les touches de la main droite, tandis que le point isolé indique la note de basse. Par exemple, au premier temps, les quatre touches sont toutes jouées, tandis qu'au deuxième temps, seules celles de la main droite sont jouées. Le rythme montré ci-dessus sonne comme ceci :

Ci-dessous un rythme simple souvent utilisé dans la musique pop :

Ce schéma montre que la note de basse est jouée sur le premier et le troisième temps, et en plus entre le deuxième et le troisième temps. Ce rythme sonne comme ceci :

L'un après l'autre

Un son différent et plus doux se fait entendre lorsque vous jouez les touches l'une après l'autre, de gauche à droite :

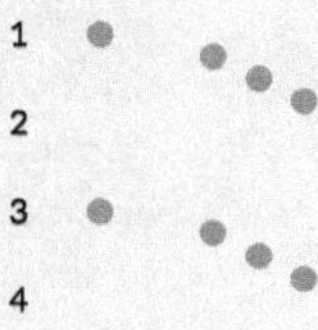

Cette façon de jouer crée le son suivant :

Un deuxième accord : Em

L'accord suivant que vous apprenez est Em. Tout comme dans l'accord C, vous n'utilisez que des touches blanches :

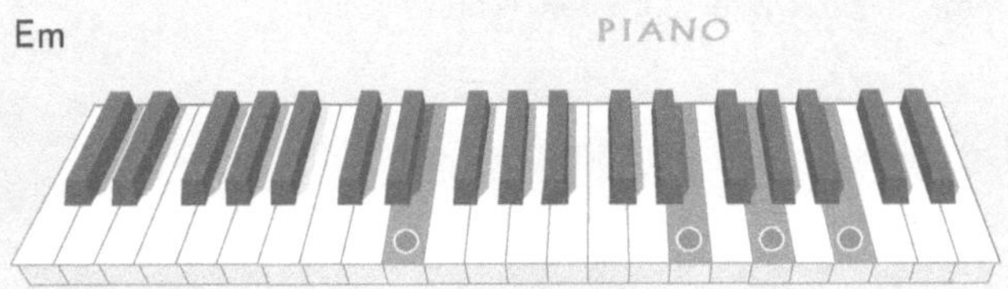

La lettre « m » est l'abréviation de « mineur ».

Cela sonne comme ceci :

Veuillez noter que cet accord se joue de la même manière que C. Entre chaque touche que vous jouez avec la main droite, il y a une touche blanche. L'accord complet se situe deux touches blanches plus loin vers la droite à partir de C. De même, votre main gauche doit également être déplacée de deux touches vers la droite.

Les touches que vous jouez avec votre main gauche et votre pouce droit sont toutes deux appelées *mi*.

Haut et bas

Dans la leçon précédente, nous avons mentionné que les notes de basse se trouvent sur le côté gauche du clavier. En général, les touches de gauche produisent des sons graves tandis que celles de droite émettent des sons aigus. Ainsi, la note le plus élevé se trouve à l'extrémité droite du clavier. On désigne donc le mouvement vers la gauche sur le clavier par le terme « descendre » et le mouvement vers la droite par « monter ».

Deux accords

Maintenant que vous connaissez deux accords, vous pouvez les enchaîner pour que cela commence à ressembler à une véritable chanson. Vous pouvez l'écouter ici :

Essayez maintenant de jouer l'accord C pendant huit temps et l'accord Em pendant huit temps, puis répétez cette séquence.

The Beatles

La plupart des chansons requièrent plus de deux accords. Cependant, la chanson *Eleanor Rigby* des Beatles n'utilise que des accords Em et C :

<pre>
        Em
Eleanor Rigby picks up the rice
        Em   C
In the church where a wedding has been
              Em
Lives in a dream
</pre>

La notation vous indique de jouer l'accord Em à partir des paroles «Eleanor Rigby», puis de passer à l'accord C aux paroles «has been», et ainsi de suite.

Voici comment les accords devraient sonner :

Un troisième accord : G

Il est temps d'apprendre l'accord suivant :

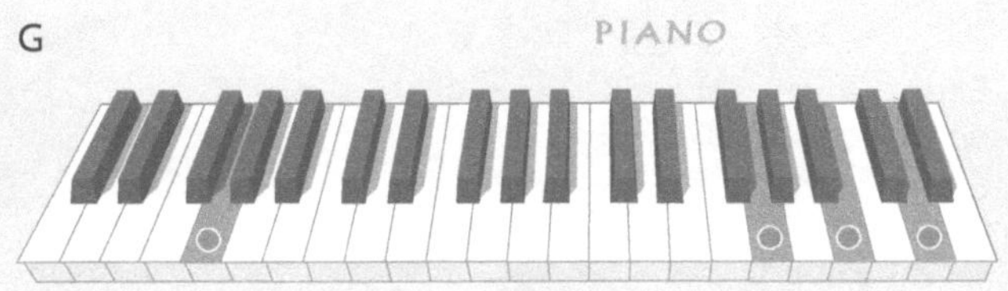

Pour cet accord, vous utiliserez la main droite de la même manière que pour les deux accords précédents. En partant d'Em, il vous suffit de déplacer votre main de deux touches blanches vers la droite. En revanche, avec la main gauche, au lieu de vous déplacer vers la droite, vous irez de cinq touches blanches vers la gauche :

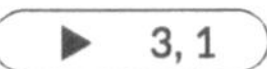

La touche du piano que vous jouez avec la main gauche est appelée *sol*. Cette touche fait partie d'un groupe de trois touches noires et c'est la touche blanche à droite dans ce groupe. Avec le pouce de la main droite, vous jouez également un *sol*.

Une chanson à trois accords

Il arrive parfois que vous tombiez sur une chanson qui ne nécessite que trois accords. Vous pouvez désormais jouer *I gotta feelin'* des Black Eyed Peas, car elle utilise les trois accords que vous avez appris jusqu'à présent : C, Em et G. Voici un aperçu des paroles et des accords du refrain :

G
I gotta feelin'
C
That tonight's gonna be a good night
Em
That tonight's gonna be a good night
C
That tonight's gonna be a good, good night

Les accords résonnent plus ou moins de cette manière :

Rechercher des accords

Vous pouvez souvent trouver les accords des chansons sur Internet. Il vous suffit de rechercher l'artiste, le titre de la chanson et le mot anglais «chords». Par exemple, vous pouvez taper «black eyed peas I gotta feelin' chords». Cette recherche vous conduira vers des sites qui présentent les chansons de la même manière que ce livre.

Un excellent site pour cela est *www.ultimateguitar.com*, où vous trouverez des accords pour de nombreuses chansons. Ne vous laissez pas décourager par le nom du site ; les accords s'appliquent tout aussi bien au piano qu'à la guitare.

Jouer Em différemment

Les accords appris dans les leçons précédentes peuvent aussi être joués de différentes façons.
Examinons à nouveau l'accord Em. Vous l'avez appris de cette manière :

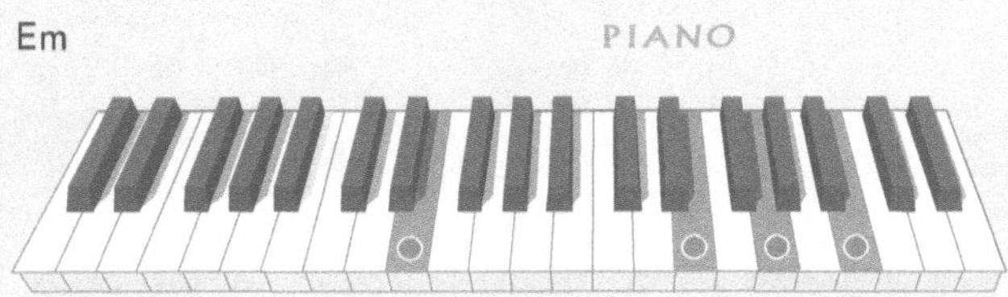

Cependant, la touche la plus à droite peut être déplacée de sept touches blanches vers la gauche :

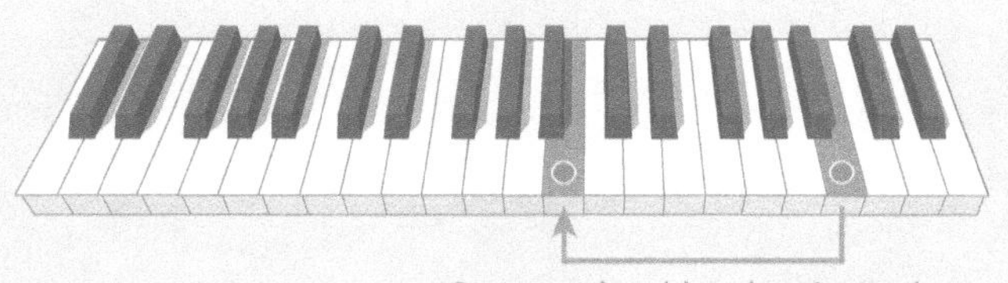

Si les deux autres touches restent en place, l'accord est le suivant :

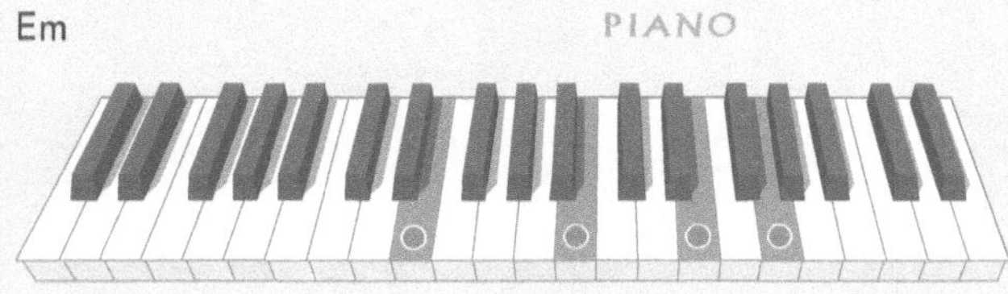

La touche jouée avec le petit doigt de votre main droite est maintenant la touche la plus grave de
cette main.

Les deux versions de l'accord Em se ressemblent. La seconde version est simplement un peu plus
sombre :

▶ 4, 1

Si vous devez jouer Em dans une chanson, vous pouvez choisir entre les deux versions. Veillez à ce qu'avec la main droite, vous jouiez toujours la note la plus basse avec le pouce et la plus haut avec le petit doigt :

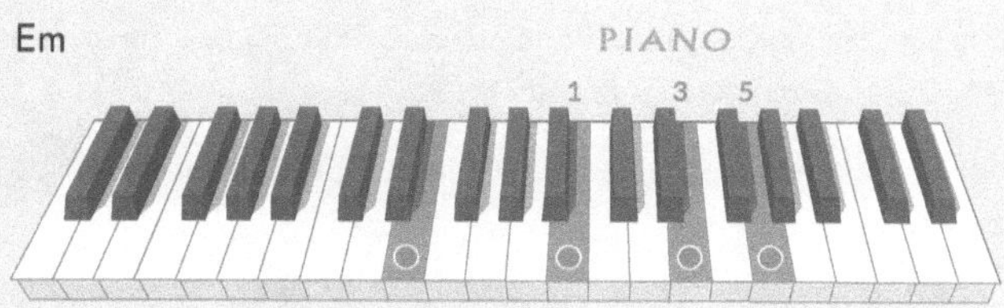

Transitions entre les accords

Jouer l'accord Em de cette manière simplifie la transition de C à Em. En effet, les deux touches supérieures sont identiques. À la main droite, il vous suffit de déplacer un seul doigt au lieu de trois.

Voici à nouveau les deux accords présentés ci-dessous :

Pour passer d'un accord à l'autre avec la main droite, déplacez simplement votre pouce d'une touche. Ainsi, la transition entre les accords se fait plus fluide :

(▶   4, 2)

Les autres façons de jouer G

Vous avez vu qu'Em peut être joué de plusieurs manières. Cela s'applique à tous les accords. Les différentes manières de jouer les accords sont appelées *voicings*.

Examinons de plus près les voicings possibles pour **G**. Jusqu'à présent, vous avez joué cet accord de la manière suivante :

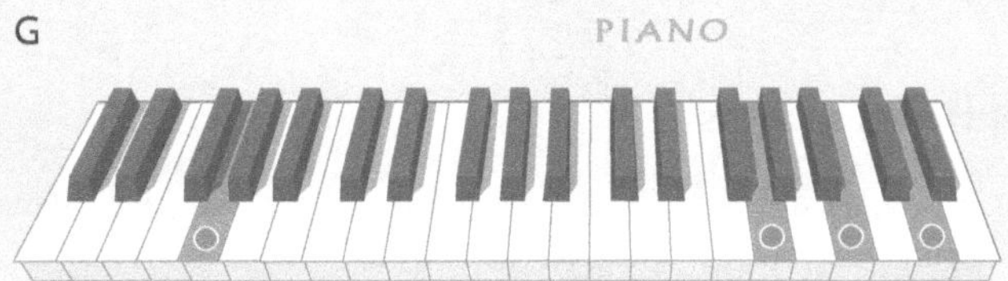

Voici deux autres voicings possibles pour cet accord :

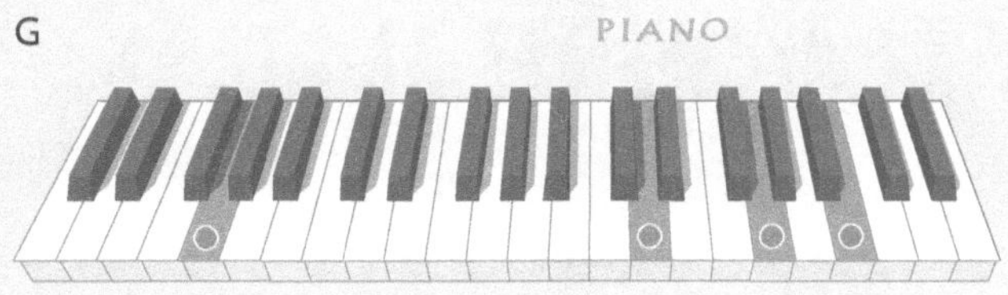

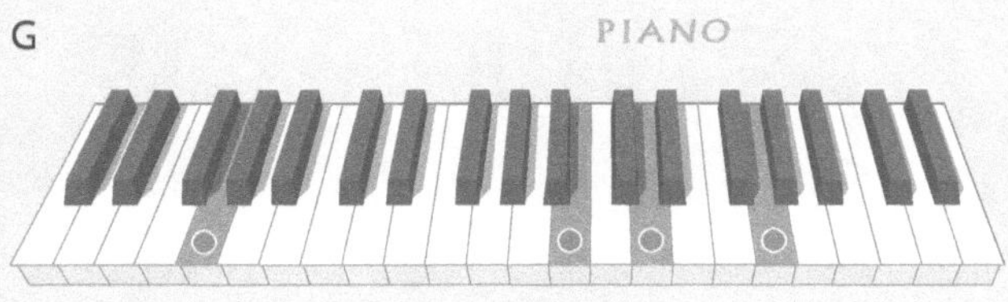

Au départ, la touche située en haut a été déplacée vers le bas de sept touches blanches. Pour le dernier voicing, cette opération a été répétée : la touche du haut a encore été déplacée de sept touches blanches vers le bas.

Les trois voicings sonnent comme suit :

(▶   5, 1)

Dans tous ces voicings, essayez de jouer la note la plus basse avec le pouce de la main droite et la note la plus aiguë avec le petit doigt. Pour les deux premiers voicings, vous jouez simplement la touche centrale avec votre majeur. En revanche, dans le dernier voicing, vous jouez automatiquement la note du milieu avec l'index :

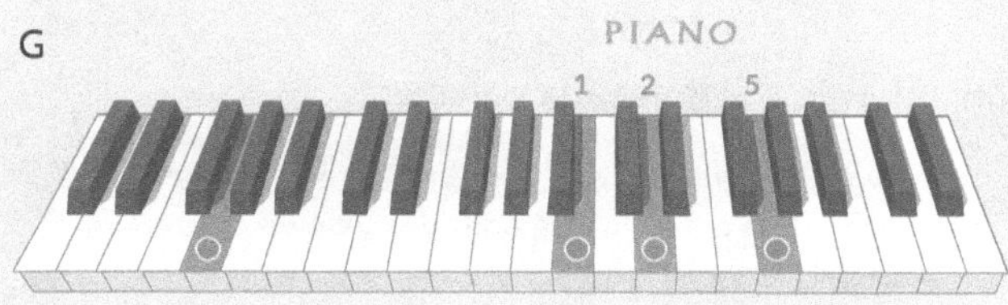

Em et G

Dans la main droite, le dernier voicing de G ressemble beaucoup à celui de Em de la leçon précédente, à l'exception de la touche du milieu. Ci-dessous, les deux accords sont de nouveau présentés pour mettre en évidence la différence :

Pour les deux accords, vous utilisez les mêmes touches avec le pouce et l'auriculaire de la main droite. La seule différence réside dans la touche du milieu. L'alternance entre les deux accords sonne comme ceci :

La transition entre ces accords sera facilitée si vous utilisez le majeur sur la touche du milieu en Em et l'index en G. Ainsi, vos doigts pourront rester en place sur les touches, vous permettant d'alterner simplement entre le majeur et l'index.

Jouez une chanson avec de nouveaux voicings

Maintenant, rejouez *I gotta feelin'*, mais cette fois-ci, en utilisant les nouveaux voicings que vous avez appris. Si vous avez assimilé la nouvelle méthode de jeu, vous constaterez qu'il sera plus simple de passer d'un accord à l'autre.

De plus, cette nouvelle approche pour jouer ces accords offre un autre avantage considérable. Les transitions entre les accords sont plus harmonieuses. À chaque fois, seuls quelques tons varient, ce qui rend les transitions plus fluides et plus cohérentes.

Vous allez maintenant apprendre un quatrième accord, à savoir D. Dans cet accord, vous utilise-rez pour la première fois une touche noire :

Voici un autre voicing courant de l'accord D. Encore une fois, la touche supérieure de la main droite est déplacée vers la gauche de sept touches blanches :

Les deux voicings ci-dessus sonnent comme ceci :

Pour les voicings que vous avez appris jusqu'à présent, vous avez toujours utilisé votre petit doigt pour jouer la touche supérieure avec la main droite. Cependant, dans le dernier voicing, jouer avec le petit doigt peut être difficile en raison de la touche noire. Une solution consiste à jouer la touche noire avec l'annulaire. Ainsi, vous jouez automatiquement la touche du milieu à l'aide de l'index :

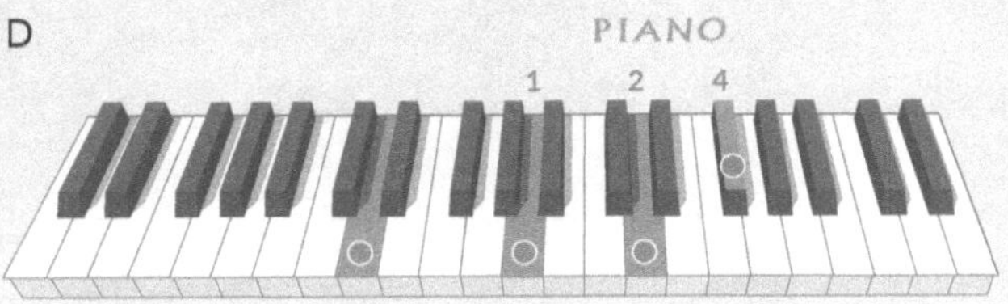

Lorde

Avec les accords C, D et G, vous pouvez jouer *Royals* de Lorde :

D
And we'll never be royals
D
It don't run in our blood
C
That kind of luxe just ain't for us
G
We crave a different kind of buzz

Les accords sonnent plus ou moins de la manière suivante :

▶ 6, 2

La transition entre les accords D et C peut être délicate, car elle nécessite de déplacer tous les doigts. La transition sera plus facile si vous jouez la touche noire comme ton supérieur de l'accord D. Si vous optez pour jouer ce ton avec l'annulaire, vous pouvez anticiper en plaçant votre petit doigt sur la touche supérieure de l'accord C :

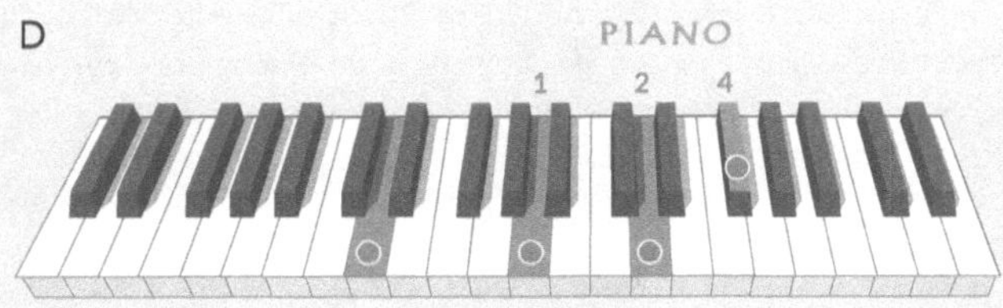

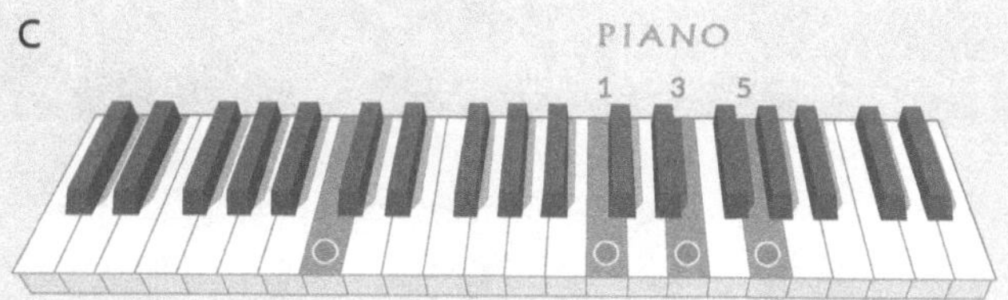

Eric Clapton

Dans *Wonderful tonight* d'Eric Clapton, vous utilisez les quatre accords que vous avez appris jusqu'à présent : C, D, Em et G :

<pre>
          C   D
And then she asks me
       G   Em
Do I look alright
              C   D
And I say yes, you look wonderful
       G
Tonight
</pre>

Tout comme dans *Royals*, il sera plus simple de jouer ces accords si vous jouez l'accord D avec la touche noire en haut.

Les accords sonneront plus ou moins comme suit :

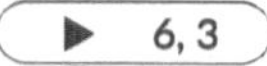

Les noms des touches blanches

Au piano, les termes «ton» et «touche» désignent la même chose. En effet, chaque touche produit une note spécifique. Dans le cadre de ces leçons, nous nous référerons principalement aux tons plutôt qu'aux touches.

Jusqu'à présent, vous avez appris les accords C, Em, G et D. Lorsque vous jouez des accords, votre main gauche doit jouer la note portant le nom anglais correspondant. Par exemple, en jouant l'accord de C, votre main gauche joue la note C (en anglais), pour l'accord de Em, elle joue E (en anglais), et pour l'accord de G, elle joue G (en anglais).

À la fin de ce livre se trouve un aperçu des noms des tons français et anglais.

Dans cette leçon, vous découvrirez les noms des touches blanches :

Une séquence de ce type est appelée une gamme. La gamme formée par les touches blanches débute par le *do*.

Gamme

Si vous jouez les touches à partir de *do* jusqu'à *si*, vous entendrez la suite suivante :

(▶ 7, 1)

Notez que la gamme ne se termine pas comme prévu. En effet, on répète toujours le premier ton à la fin d'une gamme. Ainsi, la gamme sonne désormais comme suit :

(▶ 7, 2)

Cette gamme est désignée sous le nom de do majeur. Plus tard, vous apprendrez que les gammes peuvent être construites en sautant une note sur deux et qu'il existe aussi des gammes mineures.

Octave

Nous avons vu que n'importe quel ton d'un accord peut être déplacé de sept touches blanches vers le bas. La note conserve le même nom et produit un son similaire, bien qu'un peu plus sombre. Évidemment, il est également possible de décaler les tons vers le haut de la même manière.

La distance à laquelle les touches peuvent être décalées s'appelle une octave. Par exemple, les deux tons représentés dans l'image ci-dessous – toutes deux *sol* – sont séparés par une octave :

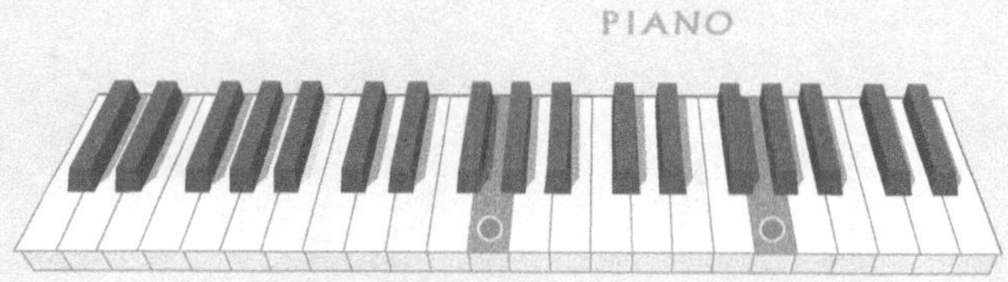

Ces deux tons sonnent comme suit :

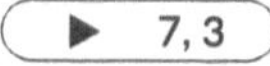

La gamme de do majeur que vous venez de jouer couvre également une octave. Vous pouvez jouer la même gamme une octave plus bas ou même deux octaves plus bas. Ces gammes sonnent comme ceci :

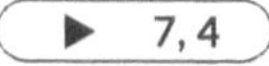

Le terme « octave » provient du mot latin « octavus », qui signifie « huitième ». (Après tout, si vous montez sept marches, vous atteignez le huitième ton.)

Décaler les notes de basse d'une octave

Tout comme il est possible de décaler les tons joués par votre main droite d'une octave vers le haut ou vers le bas, vous pouvez aussi déplacer les notes de basse de votre main gauche en les décalant d'une octave, soit vers le haut, soit vers le bas.

Examinons l'accord de **G**. Jusqu'à présent, vous avez joué un sol grave avec la main gauche :

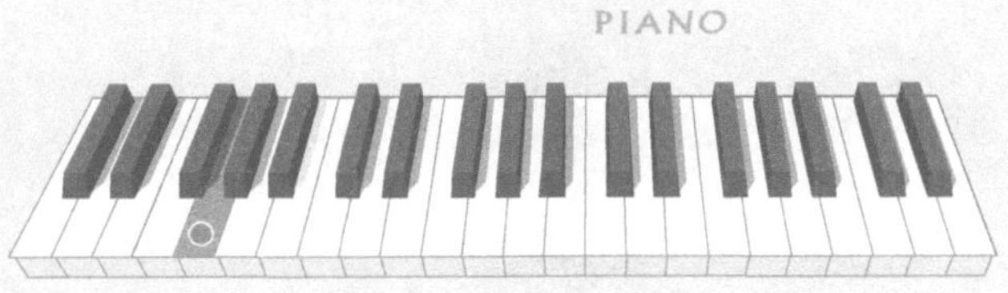

Cependant, vous pouvez également monter ce ton d'une octave.

Diversifier des notes de basse

À partir de cela, vous avez la possibilité de sélectionner différents tons avec votre main gauche afin d'apporter de la variété au son et au rythme. Par exemple, au début de chaque mesure, vous pouvez jouer une note de basse profond, puis, plus tard dans la mesure, jouer le même ton une octave plus haut :

1	● ● ● ●
2	● ● ●
3	● ● ● ●
4	● ● ●

Cela sonnera comme ceci :

(▶   8, 1)

En changeant d'octave, jouez la note la plus grave avec votre petit doigt et la note supérieure avec votre pouce. Ainsi, vous pourrez maintenir vos doigts sur les touches :

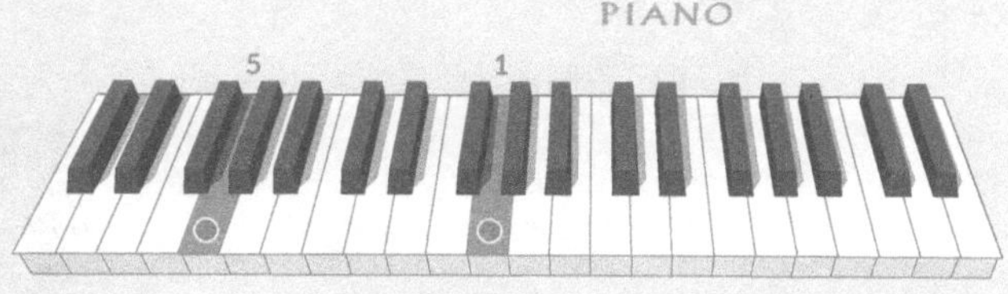

Perfect

Examinons la chanson *Perfect* de Pink :

    G
Pretty, pretty please
      D
Don't you ever, ever feel
       Em
Like you're less than
     C
Fuckin' perfect

L'énergie de cette chanson peut être imitée au piano en répétant la note de basse à chaque temps. Cela sonnera comme ceci :

$$\blacktriangleright \quad 8, 2$$

La ligne de basse sera davantage mélodique si vous alternez entre des tons graves et des tons aigus :

Cela donnera lieu au son suivant :

$$\blacktriangleright \quad 8, 3$$

Pour les autres accords de la chanson, vous pourriez également envisager de diversifier les notes de basse de la même façon.

Un cinquième accord : Bm

Voici Bm :

Vous pouvez également décaler la touche noire de sept touches blanches vers la gauche :

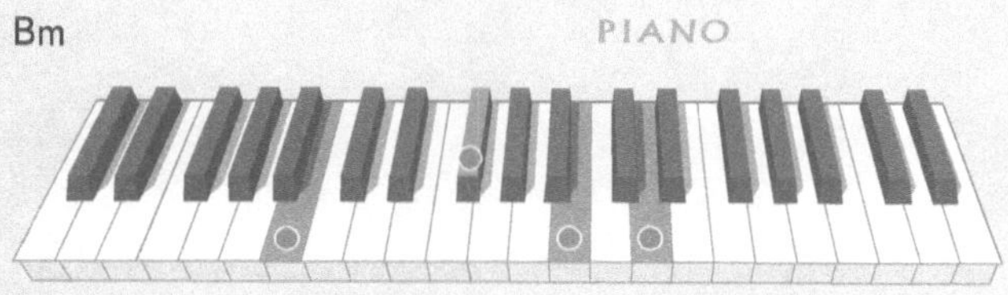

Veuillez noter que dans cet accord, vous jouez la même touche noire que dans D.

Ce dernier voicing peut être joué simplement avec le pouce, le majeur et l'auriculaire. Pour le premier voicing, vous pourriez préférer utiliser le pouce, l'index et l'annulaire :

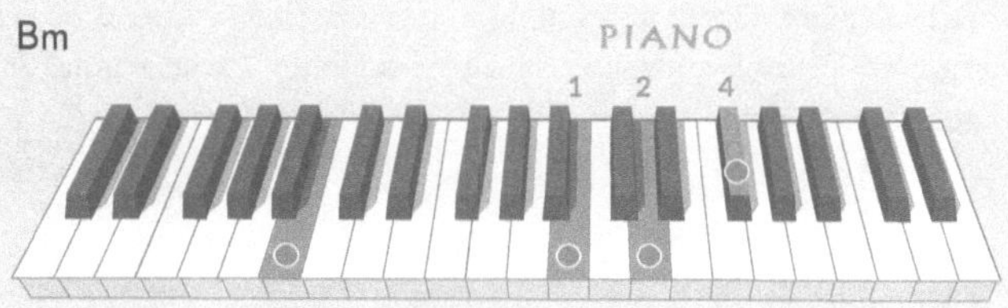

Alicia Keys

Avec les accords Em et Bm, vous pouvez désormais interpréter *Fallin'* d'Alicia Keys :

<pre>
        Em   Bm
I keep on fallin' in and out
      Em   Bm
Of love with you
</pre>

Rythmiquement, cette chanson se distingue des chansons que vous avez jouées jusqu'à présent. Cette fois-ci, au lieu de compter jusqu'à quatre, vous comptez jusqu'à six. Un accent est placé sur le quatrième temps, ce qui signifie que vous devez jouer ce temps un peu plus fort que les autres.

Avec la basse, vous créerez un joli groove en jouant des tons sur le premier et le sixième temps :

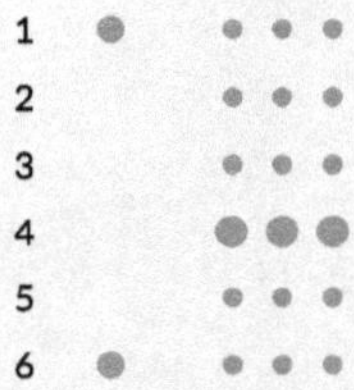

Vous pouvez écouter la partie piano ici :

▶ 9, 1

Transitions

Passer de Em à Bm à la main droite sera plus simple si vous jouez la note *si* comme la note la plus basse des deux accords. En utilisant votre annulaire pour jouer la touche noire dans l'accord Bm, vous pourrez positionner votre petit doigt sur le *sol* pour l'accord Em.

Accords brisés

Si vous préférez avoir un son plus doux dans *Fallin'*, vous pouvez jouer les tons des accords les uns après les autres. Cette technique est connue sous le nom d'accords brisés. Vous pouvez jouer les tons selon le rythme suivant :

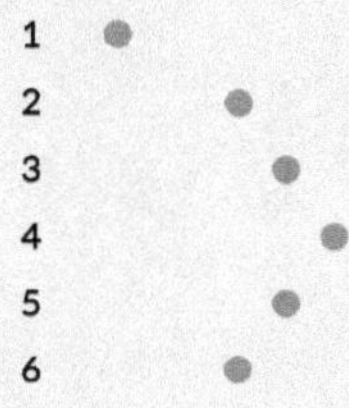

Au quatrième temps, vous jouez la note la plus aiguë de l'accord, ce qui met en valeur ce temps. Les accords brisés résonneront plus ou moins de la manière suivante :

Bloc 2

La fondamentale, la tierce et la quinte

Nous avons constaté qu'à chaque accord correspond une note spécifique jouée à la main gauche. Par exemple, dans l'accord C, vous jouez la note *C* (en anglais) à la main gauche, dans Em vous jouez *E* (en anglais), et ainsi de suite. La note jouée à la main gauche constitue la note de base de l'accord. C'est la note sur laquel l'accord est construit et il est appelé la fondamentale.

Examinons de nouveau l'accord C :

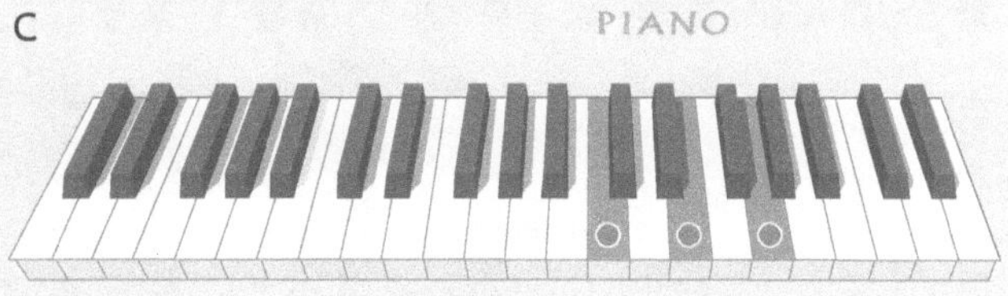

Dans cet accord, on retrouve trois tons : *do*, *mi* et *sol*. Le *mi* se situe deux touches blanches au-dessus du *do* tandis que le *sol* se trouve deux touches blanches au-dessus du *mi*. C'est sur ce principe que tous les accords sont construits. Entre les trois touches jouées, il y a toujours une touche qui est omise.

Tierce et quinte

Les tons de l'accord sont représentés par des chiffres. La note médiane, qui est la troisième touche à partir de la fondamentale, est désigné par le chiffre 3. La note la plus élevée correspond au cinquième ton à partir de la fondamentale et est indiqué par le chiffre 5. La note 3 est également appelée « tierce », tandis que la ton 5 est désigné par le terme « quinte » :

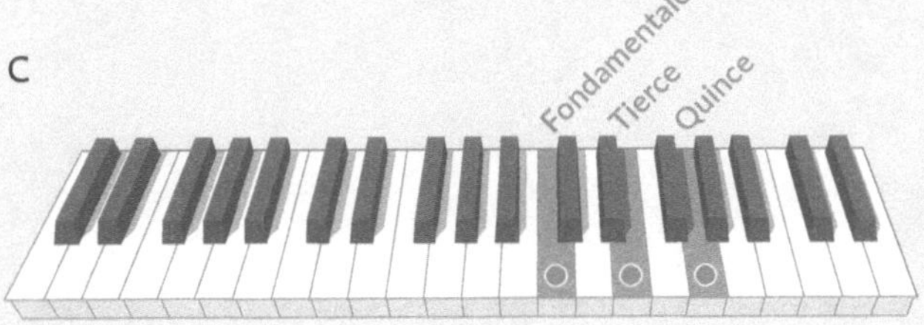

Ainsi, en général, un accord est constitué des tons 1–3–5. Vous découvrirez par la suite que cette séquence peut être prolongée pour inclure, par exemple, les tons 7 et 9 :

Décaler les tons d'une octave

Dans les leçons précédentes, vous avez découvert que vous pouvez décaler des tons de sept touches blanches. Revenons sur ce principe, car il est essentiel que vous le maîtrisiez bien. Même si vous l'avez peut-être déjà compris, il est important de le répéter. Vous pouvez jouer l'accord C à la main droite de la manière suivante :

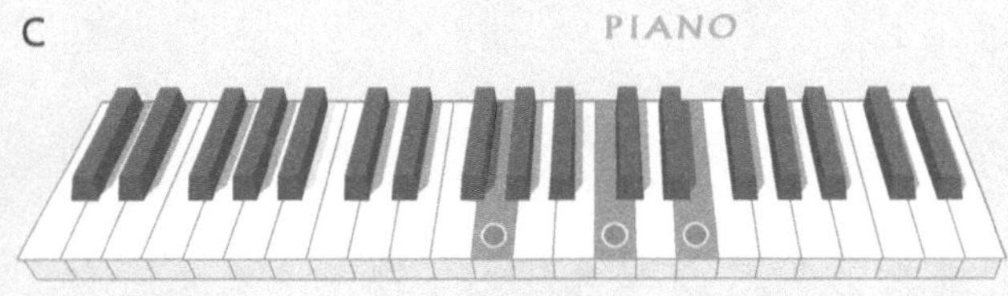

La note *sol* a été abaissée d'une octave, devenant ainsi la note la plus grave de la main droite. Cependant, le *sol* n'est pas devenu la fondamentale de l'accord. Les tons joués demeurent inchangés. La fondamentale reste *do*, car *mi* et *sol* peuvent toujours être perçus comme la tierce et la quinte du *do*. Si *sol* était la fondamentale, vous vous attendriez aux tons *si* et *ré* comme tierce et quinte :

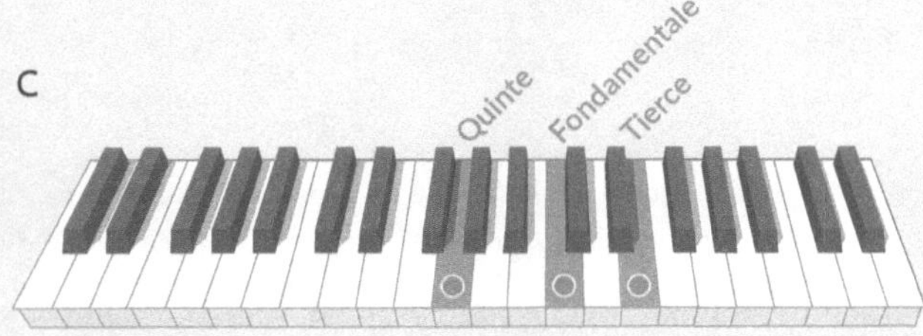

En d'autres termes, lorsque vous jouez un accord, l'ordre des tons que vous jouez avec la main droite n'a pas d'importance. La seule chose qui compte, ce sont les tons joués.

Les notes de basse de connexion

Jusqu'à présent, vous n'avez joué que la note fondamentale des accords avec la main gauche. Pour l'accord D, vous avez joué la note *ré* à la main gauche, pour l'accord G, vous avez joué la note *sol*, et ainsi de suite. Cependant, il peut être intéressant d'ajouter d'autres tons avec la main gauche. Cela crée un effet particulièrement agréable sur le dernier temps avant le changement d'accord.

Alicia Keys

Expliquons cela avec *Fallin'* d'Alicia Keys. Les accords de cette chanson sont Em et Bm :

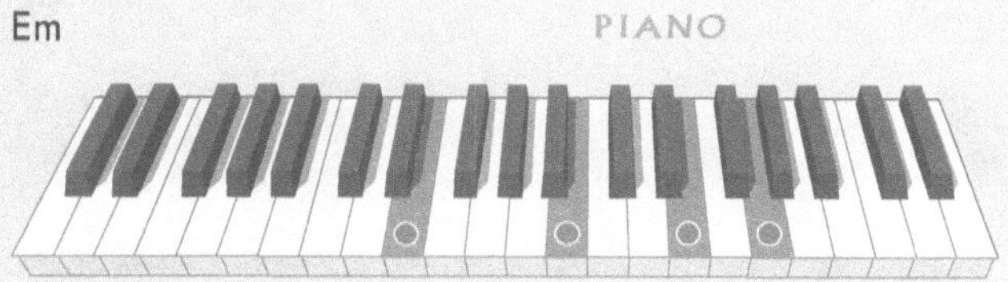

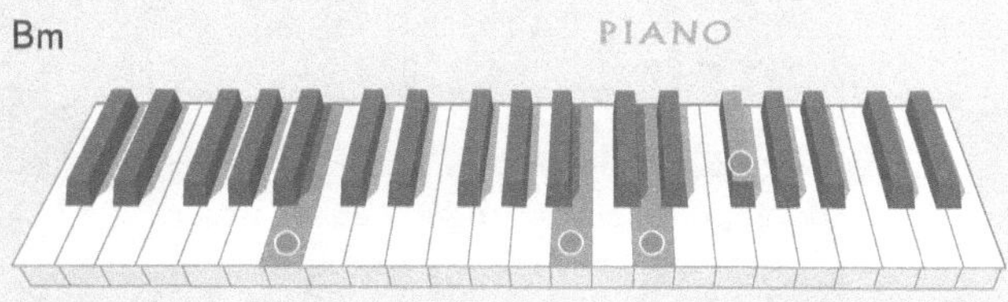

Vous savez qu'un joli groove se crée lorsque les notes de basse sont jouéefs sur le premier et le sixième temps. Jusqu'à présent, vous avez joué la fondamentale sur ces deux temps. Cependant, sur le sixième temps, vous avez la possibilité de jouer différents tons de l'accord, telles que la tierce ou la quinte. Par exemple, si vous passez de Bm à Em, vous pouvez jouer *ré* au lieu de *si* sur le sixième temps, car cela correspond à la tierce de l'accord :

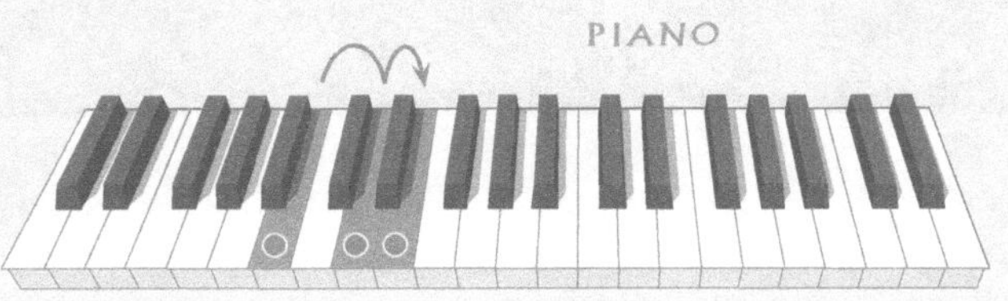

Écoutez ça ici :

▶ 11, 1

Au lieu de *si* ou *ré*, vous pouvez également opter pour la touche noire dans l'accord :

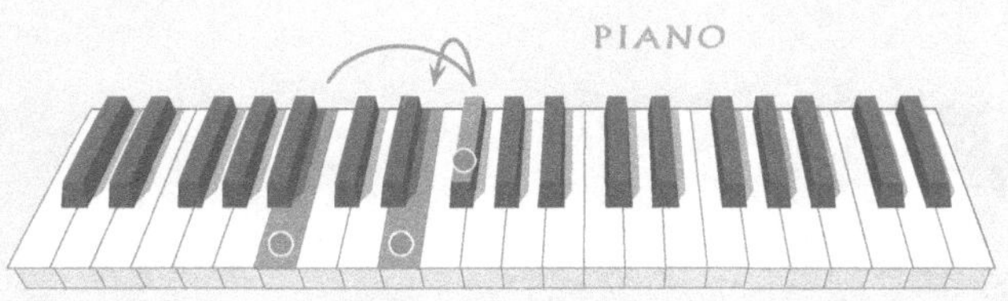

La partie de piano sonnera alors ainsi :

▶ 11, 2

Vous connaissez désormais trois tons possibles à jouer à la main gauche sur le sixième temps de l'accord Bm. Vous pouvez varier entre ces tons pour obtenir un son vivant.

Les tons de transition

Comme nous l'avons mentionné précédemment, il est possible de jouer, avec la main gauche, des tons sur le dernier temps qui préparent l'arrivée à la fondamentale de l'accord suivant. Il n'existe pas de terme spécifique pour désigner cette technique. Nous les appellerons donc les « notes de basse de connexion », car ils permettent de créer une transition vers l'accord suivant.

Tons inappropriés

Tous les tons ne se prêtent pas à des transitions harmonieuses. En général, les tons qui se situent à proximité du nouveau ton fondamental s'accordent bien. Prenons par exemple la touche noire située une octave en dessous du mi comme transition :

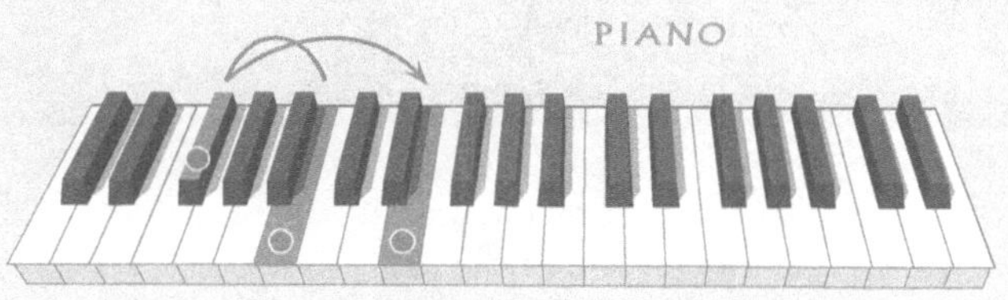

Cela sonnera comme suit :

▶ 11, 3

Cette transition ne fonctionne pas bien, car la touche noire grave est trop éloignée du *mi*.

Si vous voyagez de la France vers le sud de l'Espagne pendant vos vacances, il est agréable de passer une journée à Barcelone. En revanche, il n'est pas judicieux de consacrer une journée à Amsterdam, car cette ville ne se trouve pas sur votre itinéraire. De la même manière, lorsque vous jouez des notes de basse de transition vers une nouvelle fondamentale, vous effectuez de petits arrêts similaires sur les tons qui se trouvent entre les deux.

Anticiper

Une autre règle pour créer de bons tons de transition consiste à éviter de jouer la fondamentale de l'accord suivant. Par exemple, pour passer de Em à Bm, vous pouvez choisir la note *si* :

Cela sonnera comme suit :

▶ 11, 4

Comme vous pouvez l'entendre, cette version ne fonctionne pas bien, car la fondamentale de l'accord suivant se fait déjà entendre avant le début du nouvel accord. Vous avez anticipé la note, ce qui rend l'accord qui suit moins captivant.

En résumé : dans une note de basse de transition, vous souhaitez jouer des tons proches de la fondamentale suivante, sans toutefois jouer la fondamentale elle-même.

dans d'autres chansons

Ajoutons quelques notes de basse à d'autres chansons que vous connaissez déjà. Commençons par regarder *I gotta feelin'*, qui se compose de trois accords : G, C et Em. Nous avons constaté que le meilleur voicing pour ces accords est celui où la note *sol* est jouée avec le petit doigt de la main droite :

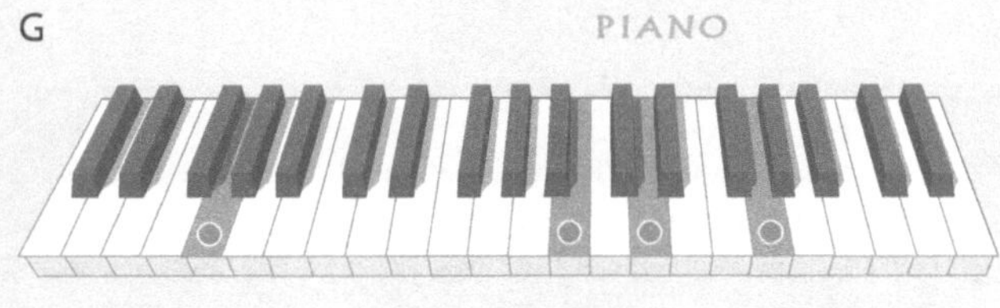

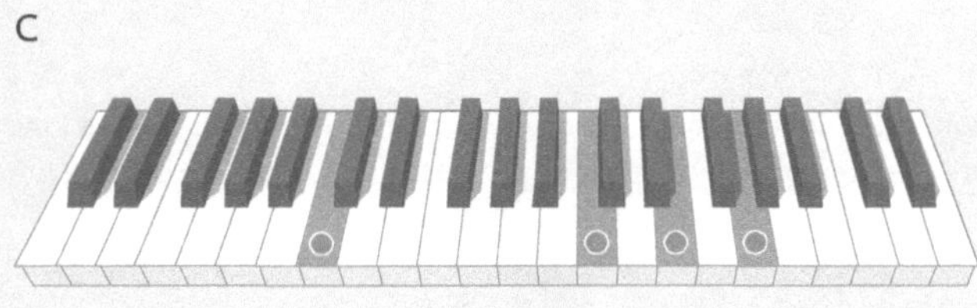

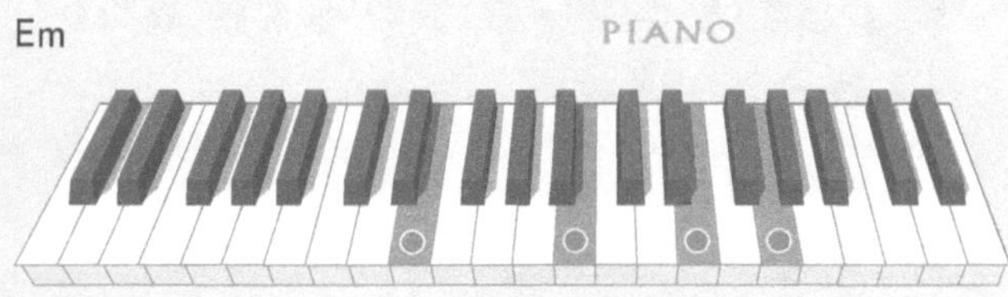

Dans cette chanson, il est également possible de jouer des notes de basse de transition avec la main gauche. L'idée est de jouer une note supplémentaire qui prépare l'arrivée du nouvelle note de basse. Par exemple, avant la note *do*, vous pouvez jouer la note *si*, qui est la tierce de l'accord G :

▶ 12, 1

Eric Clapton

Vous avez appris à jouer le refrain de *Wonderful tonight* en utilisant les accords C, D, G et Em.
Voici une version de ces accords agrémentée de quelques notes de basse de transition :

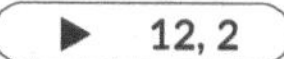

Dans ce cas, la touche noire située juste au-dessus de *fa* est jouée à la fin de l'accord D pour me-
ner à la fondamentale de l'accord G. De manière similaire, un *si* est joué en Em avant l'accord C.

Un sixième accord : Dm

Dans le bloc précédent, vous avez découvert l'accord D, qui se compose des tons *ré–fa dièse–la*. C'était la première fois que vous jouiez une touche noire dans cet accord :

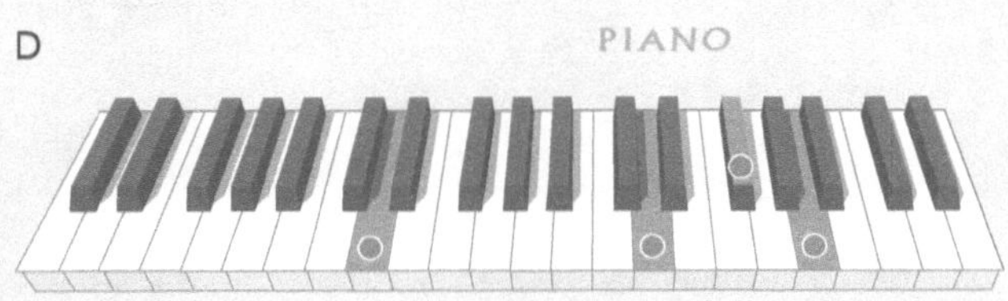

Vous pouvez également créer un autre accord sur la note *ré*, à savoir Dm :

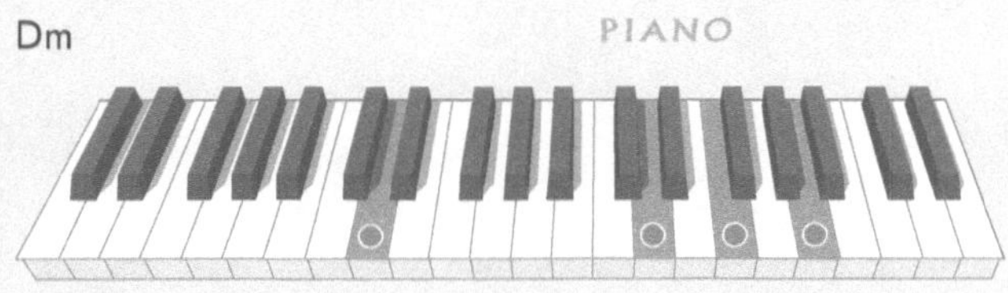

En plus du ton *ré*, ces deux accords contiennent tous deux la note *la*. Cependant, Dm inclut la note *fa* au lieu de *fa dièse*. Par conséquent, la seule différence entre ces deux accords réside dans la tierce. Écoutez les deux accords ici :

▶ 13, 1

Maroon 5

Maintenant que vous maîtrisez l'accord Dm, vous êtes prêt à jouer *Sunday morning* de Maroon 5 :

                C   Dm G   C
That may be all I need
                        Dm G   C
In darkness she is all I see
                          Dm G   C
Come and rest your bones with me
                              Dm
Driving slow on Sunday morning
        G   C
And I never want to leave

Cette chanson associe l'accord Dm aux accords G et C. Les transitions entre ces accords seront plus aisées à jouer si vous optez pour un voicing de l'accord Dm différent de celui mentionné précédemment. Dans ce voicing alternatif, la note *la* est déplacée d'une octave vers le bas, de sorte que *fa* devient la note la plus aiguë :

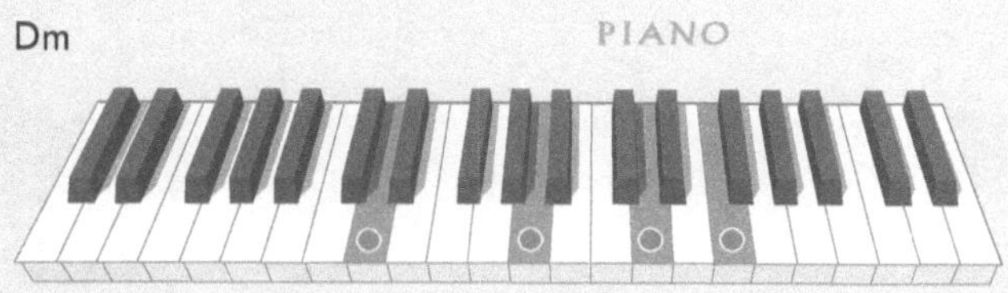

Deux temps

Dans cette chanson, les harmonies évoluent plus rapidement que dans la chanson précédente. Les accords Dm et G ne sont joués que sur deux temps.

Les accords de la chanson sonneront plus ou moins de cette manière :

▶ 13, 2

Vous savez que deux accords peuvent être formés sur la note *ré*, à savoir Dm et D. Les deux accords partagent la même quinte, qui est la note *la*. La différence réside dans la tierce : pour Dm, la tierce est la note *fa*, tandis que dans le D, elle est la note *fa dièse*.

L'accord Dm est un accord mineur, tandis que D est un accord majeur. Un accord mineur est indiqué par la lettre « m ». En l'absence de cette lettre, il s'agit d'un accord majeur.

Les deux accords l'un après l'autre sonnent ainsi :

Distances

Nous avons observé qu'entre les tons des accords, nous sautons toujours une touche blanche. Cela implique que nous sautons une touche entre la fondamentale et la tierce, ainsi qu'entre la tierce et la quinte. Toutefois, en réalité, la structure d'un accord est légèrement plus complexe, car il est également nécessaire de prendre en considération les touches noires.

La distance réelle entre deux tons est déterminée par l'ensemble des touches blanches et noires qui les séparent. Examinons de plus près l'accord Dm :

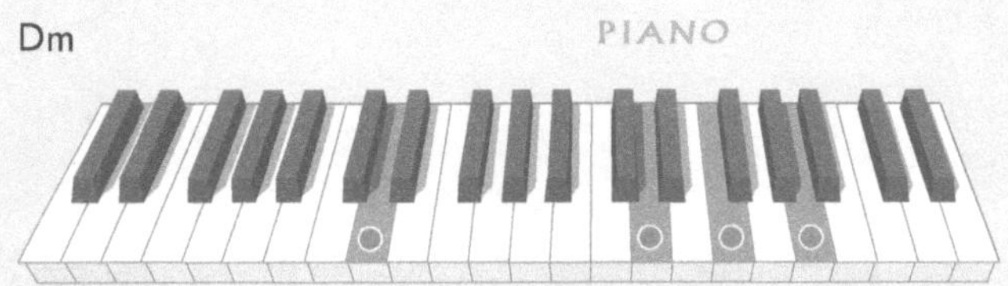

Si vous observez attentivement, vous remarquerez qu'il y a deux touches entre *ré* et *fa* : l'une est noire et l'autre est blanche.

Examinons à présent la distance précise entre la note fondamentale et la tierce de l'accord de D :

Entre *ré* et *fa dièse*, on trouve trois touches : une noire et deux blanches.

La tierce mineure et la tierce majeure

Ces deux intervalles, la tierce mineure et la tierce majeure, sont respectivement désignés par les distances *ré–fa* et *ré–fa dièse*. Voici comment ces deux tierces se distinguent par leur sonorité :

En résumé, un accord mineur a une tierce mineure et un accord majeur a une tierce majeure. Comme nous l'avons observé avec Dm et D, il est possible de former des accords mineurs et majeurs à partir de n'importe quel ton. Par exemple, il existe à la fois C et Cm, ainsi que Em et E, et ainsi de suite.

Examinez attentivement les autres accords que vous avez étudiés jusqu'à présent. Dans l'accord C, la distance *do–mi* constitue une tierce majeure tout comme la distance *sol–si* dans G. En ce qui concerne l'accord de Em, la distance *mi–sol* représente une tierce mineure tandis que dans Bm, la distance *si–ré* est également une tierce mineure.

Conversion d'un accord

Vous avez désormais appris à créer un accord mineur à partir d'un accord majeur. Il vous suffit de déplacer le doigt qui se trouve sur la troisième touche vers le bas, en tenant compte des touches noires et blanches. Essayez de former Cm à partir de C et Gm à partir de G. Vous pouvez également transformer un accord mineur en accord majeur. Pour ce faire, il vous suffit de déplacer le doigt qui se trouve sur la troisième touche vers le haut. Entraînez-vous à créer les accords B et E.

Voici un nouvel accord à étudier :

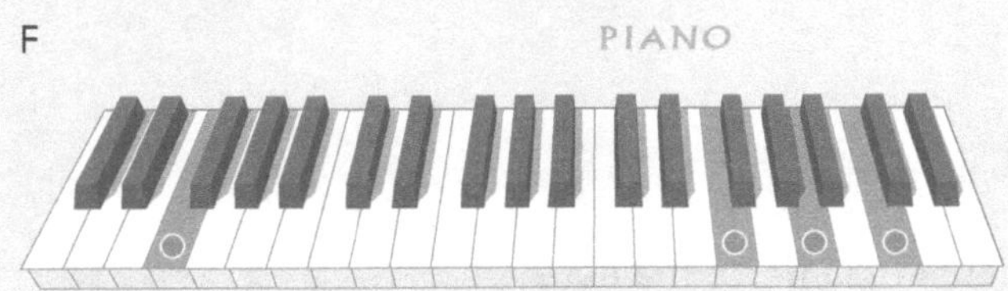

Vous jouerez principalement un voicing plus grave de cet accord, comme par exemple l'un des suivants :

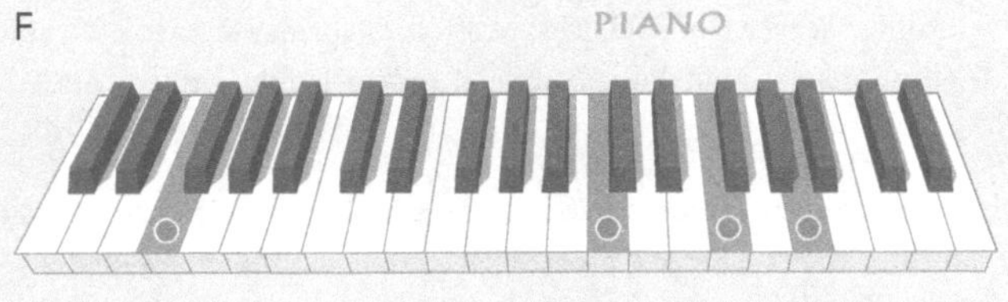

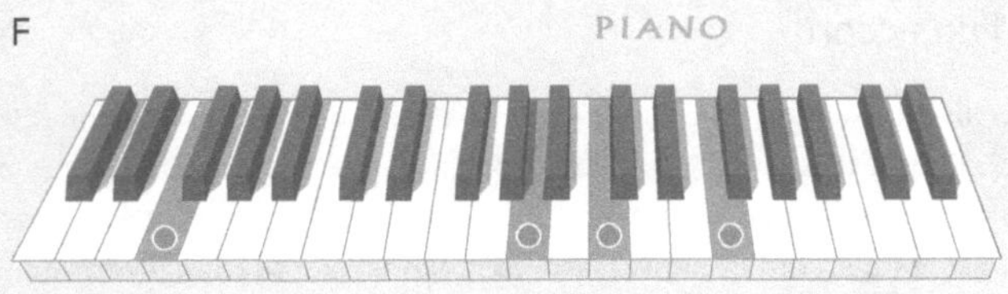

Les trois voicings ci-dessus sonnent ainsi :

▶ 15, 1

42 | Dans les deux premiers voicings, vous jouez la note du milieu avec votre majeur. En revanche, dans le dernier voicing, il est plus naturel d'utiliser votre index pour jouer ce ton du milieu :

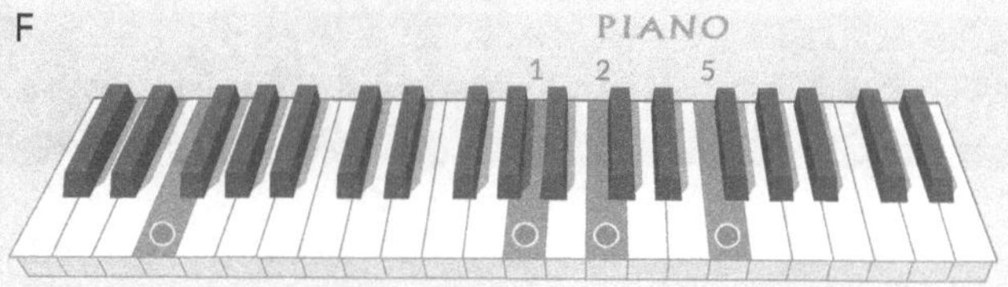

Sheryl Crow

Avec les accords C, G et F, vous pouvez accompagner *The first cut is the deepest* de Sheryl Crow :

```
C   G       F   G
The first cut is the deepest, baby I know
  C   G       F     G
The first cut is the deepest
          C       G       F   G
When it comes to being lucky she's cursed
        C     F       G
When it comes to lovin' me she's worse
```

Un groove solide

Dans le premier bloc, nous avons constaté qu'il est courant dans les chansons pop de répéter la ligne de basse entre le premier et le deuxième temps. Cependant, ce rythme est moins approprié pour *The first cut is the deepest*, car cette chanson nécessite un groove plus marqué. Une meilleure option est de jouer une note de basse supplémentaire après le troisième temps, plutôt qu'avant.

Les accords sonnent plus ou moins comme ceci :

(▶ 15, 2)

Avec les accords **C**, **F** et **G**, vous pouvez également jouer *What makes you beautiful* de One Direction :

<pre>
          C   F   G
Baby you light up my world like nobody else
                 C   F   G
The way that you flip your hair gets me overwhelmed
                   C   F   G
But when you smile at the ground it ain't hard to tell
           C   F   G   C
You don't know, you don't know you're beautiful
</pre>

Remarquez le rythme accrocheur de la basse. La note *do* est jouée sur le premier temps, ainsi qu'entre le deuxième et le troisième temps. Ce même rythme est ensuite reproduit pour les autres accords.

La ligne de basse est agréable à l'oreille si vous jouez l'accord **C** avec la note grave *do* à la main gauche :

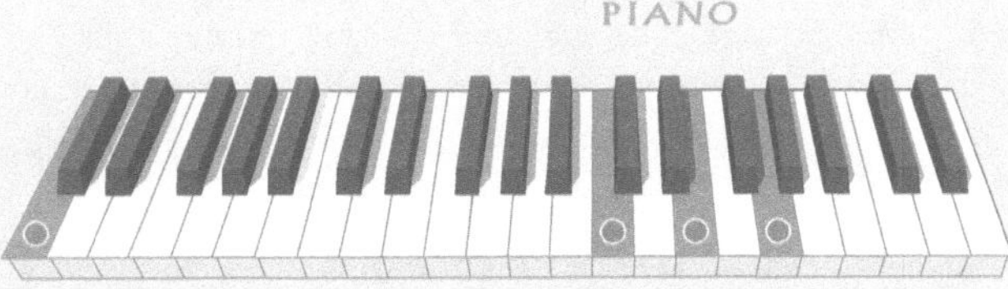

Veuillez noter qu'il ne s'agit pas de la touche *do* la plus bas du piano, mais plutôt de la touche *do* située deux octaves en dessous de la touche *do* jouée à la main droite.

Pour jouer les tons *do*, *fa* et *sol* avec la main gauche, il est conseillé d'utiliser l'auriculaire, l'index et le pouce. De cette manière, vous pourrez garder vos doigts sur les touches, et, avec un peu de pratique, vous serez en mesure de jouer la ligne de basse sans avoir besoin de regarder :

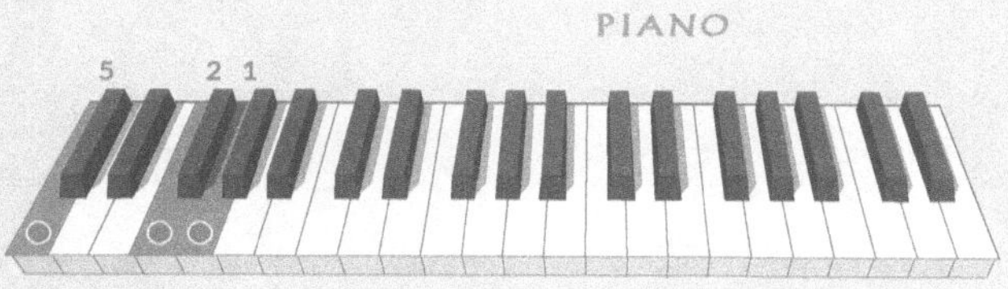

Le rythme

Concentrons-nous pour l'instant sur la main gauche. Après huit temps, une courte pause se produit dans la ligne de basse. Vous pouvez donc jouer la ligne de basse avec le rythme suivant :

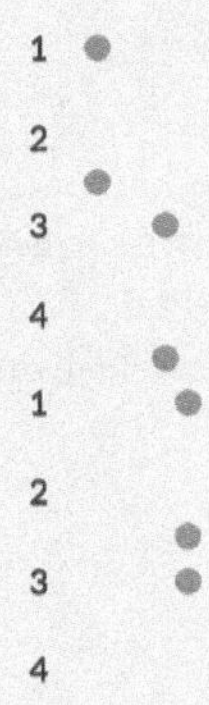

Cette ligne de basse sonne comme ceci :

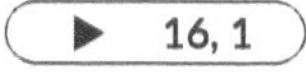

La pause à la fin de l'accord **G** sera d'autant plus captivante si vous omettez la note *sol* en conclusion :

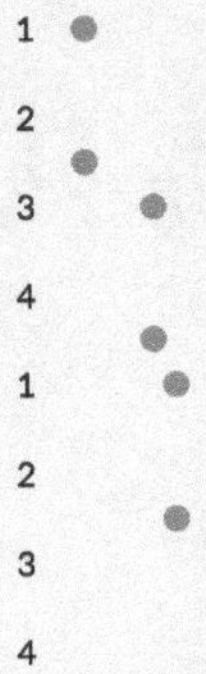

Dans ce cas, la ligne de basse sonnera comme suit :

(▶ 16, 2)

Après avoir pratiqué la ligne de basse pendant un certain temps, vous pouvez envisager d'ajouter la main droite. Si vous jouez les accords avec la main droite à chaque temps, cela risque de nuire à la ligne de basse. Une alternative consiste à ne jouer la main droite que sur les temps pairs :

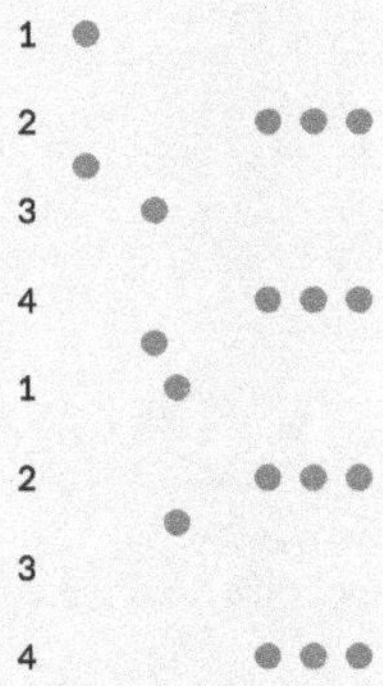

Cette dernière version sonne ainsi :

(▶ 16, 3)

Un huitième accord : Am

Voici un autre accord, Am :

Voici une autre version de l'accord. Dans ce cas, la note la plus basse que vous jouez avec la main droite est déplacé d'une octave vers le haut :

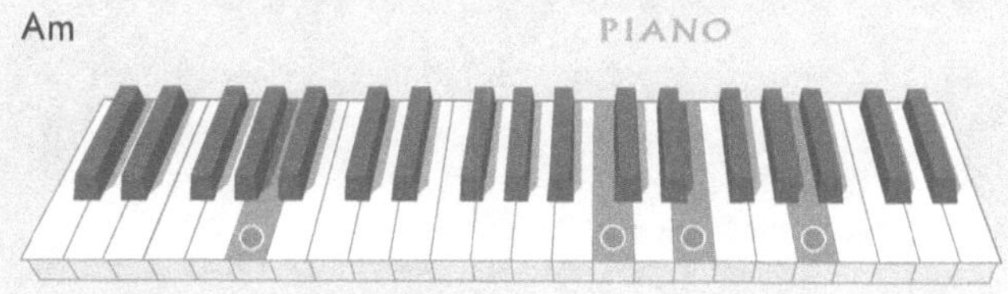

Les voicings ci-dessus sonnent comme ceci :

▶ 17, 1

Rihanna

Maintenant que vous maîtrisez l'accord Am, vous pouvez jouer la chanson *Diamonds* de Rihanna :

```
              F     Am        G
So shine bright tonight, you and I
    G           Em          F
We're beautiful like diamonds in the sky
         Am      G
Eye to eye, so alive
    G           Em          F
We're beautiful like diamonds in the sky
```

Dans les accords F et Am, les tons *la* et *do* sont présents. Par conséquent, lors de la transition entre ces accords, il suffit de modifier un seul ton. Si vous optez pour jouer l'accord F avec la note *fa* en haut, vous pouvez laisser votre pouce et votre index en place pour l'accord Am. Dans ce cas, il est pratique de jouer la note *mi* avec l'annulaire :

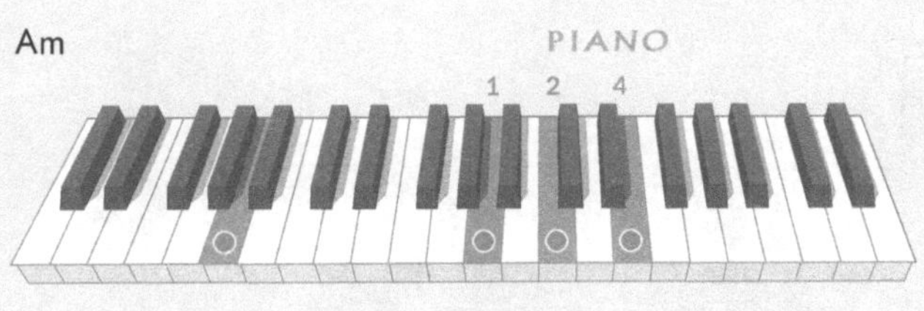

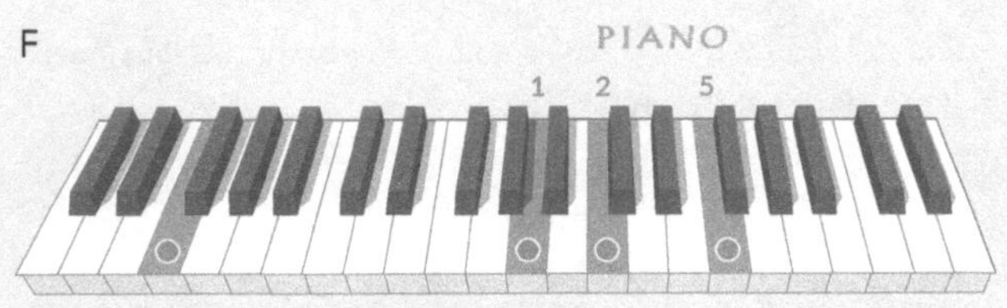

Joués de cette manière, les accords sonnent comme suit :

► 17, 2

Une note de basse sur tous les temps

Un rythme efficace consiste à jouer la basse sur chaque temps, tout en jouant l'accord à la main droite uniquement lorsque celui-ci change :

L'accompagnement sonnera alors comme suit :

► 17, 3

Jordin Sparks

Dans de nombreuses chansons, on retrouve l'utilisation de seulement quatre accords. La combinaison des accords C, F, G et Am est particulièrement répandue. Par exemple, ces accords peuvent également se retrouver dans *No air* de Jordin Sparks :

<pre>
         G   F
Tell me how I'm supposed to breathe with no air
                              Am
Can't live, can't breathe with no air
                                      C
That's how I feel whenever you ain't there
                    G
It's no air, no air
</pre>

Le rythme

Pour *No air*, il est plaisant d'intercaler des notes de basse entre les temps. Par exemple, vous pouvez adopter le rythme suivant :

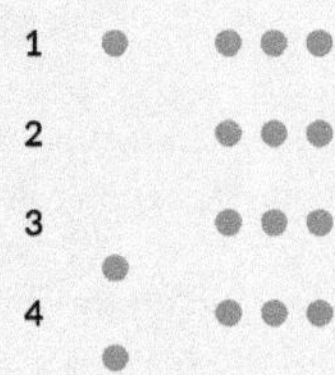

Dans ce cas, vous ne jouez pas les notes de basse sur les temps trois et quatre, mais juste après ces temps.

Vous pouvez l'écouter ici :

▶ 17, 4

Jouer une chanson plus bas ou plus haut

Il arrive souvent qu'une chanson soit trop aiguë ou trop grave pour être chantée confortablement. Dans ce cas, il est nécessaire d'ajuster les accords pour les adapter à une hauteur appropriée.

Imaginez qu'une chanteuse souhaite interpréter la chanson *Fallin'* d'Alicia Keys, mais que l'original soit légèrement trop élevé pour elle. Dans ce cas, vous pouvez abaisser les accords un peu. Assurez-vous que les accords sont décalés d'exactement la même distance, en prenant en compte à la fois les touches blanches et les touches noires.

Voici à nouveau les accords originaux affichés ci-dessous :

```
      Em        Bm
I keep on fallin' in and out
   Em      Bm
Of love with you
```

Le ton entier

À côté du ton *mi* se trouve *ré*. Entre *mi* et *ré*, il y a une seule touche (noire). Cette distance est appelée un ton entier. Un musicien dira donc que *mi* est un ton entier au-dessus de *ré*.

Si nous décalons l'accord Em dans cette chanson d'un ton entier, il est nécessaire de transposer également Bm de la même manière. L'accord obtenu sera alors Am. Cela signifie que la chanson peut également être accompagnée avec les accords Dm et Am :

```
   Dm          Am
I keep on fallin' in and out
   Dm      Am
Of love with you
```

La version basse sonne comme suit :

▶ 18, 1

Jouer *Eleanor Rigby* plus haut

Dans l'exemple ci-dessus, nous avons seulement légèrement modifié les accords. Cependant, il arrive parfois qu'il soit nécessaire de transposer les notes sur une plus grande distance, que ce soit vers le haut ou vers le bas. Prenons, par exemple, le cas où notre chanteuse souhaite interpréter *Eleanor Rigby*. Dans cette situation, les accords originaux ne seront certainement pas adaptés. En effet, l'original est chanté par un homme, et cette version sera sans doute trop basse pour notre chanteuse.

Pour adapter *Eleanor Rigby* à une voix féminine, il est nécessaire de décaler les accords vers le haut. Dans la version originale, les accords utilisés sont Em et C :

```
        Em
Eleanor Rigby picks up the rice
      Em                          C
In the church where a wedding has been
            Em
Lives in a dream
```

Nous choisissons un accord mineur situé environ une demi-octave au-dessus de Em. Prenons l'accord de Am. Entre *mi* et *la*, il y a deux touches blanches et deux touches noires, ce qui fait un total de quatre touches. Cette distance est appelée une quarte. Par conséquent, nous devrions également décaler l'accord C d'une quarte vers le haut. La note qui se trouve une quarte au-dessus de *do* est *fa*. Ainsi, nous pouvons également accompagner *Eleanor Rigby* en utilisant les accords Am et F :

```
        Am
Eleanor Rigby picks up the rice
      Am                            F
In the church where a wedding has been
            Am
Lives in a dream
```

Cette version sonne comme ceci :

▶ 18, 2

Si la chanson reste trop basse pour notre chanteuse, vous pouvez à nouveau élever les deux accords, par exemple d'un ton entier :

""

Cette version finale sonne comme suit :

▶ 18, 3

L'internet

Dans cette leçon, vous avez découvert que les accords d'une chanson peuvent être décalés vers le haut ou vers le bas. En effectuant des recherches sur Internet, il se peut que vous tombiez sur des versions différentes de l'original. Cela se produit fréquemment lorsqu'un musicien réalise une nouvelle interprétation dans un but particulier.

Il arrive que la hauteur originale des accords soit mentionnée dans la nouvelle version. Si ce n'est pas le cas, vous pouvez vérifier si les accords sont à la même hauteur que dans la version originale en les jouant simplement avec l'enregistrement. Si cela ne vous semble pas correct, il vous faudra chercher une autre version.

Bloc 3

Jusqu'à présent, vous avez appris deux accords qui incluent des touches noires. L'accord mineur Gm utilise également une touche noire :

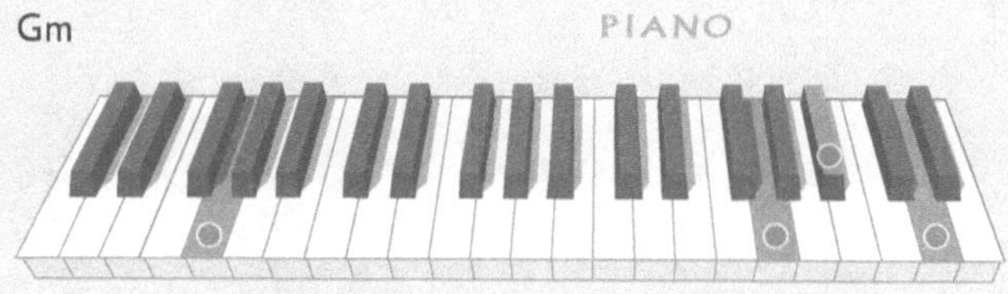

La touche noire de cet accord est désignée par *si bémol*. (Dans quelques leçons, vous découvrirez les noms de toutes les touches noires.)

La plupart du temps, vous jouerez un voicing plus grave de cet accord, comme l'un des suivants :

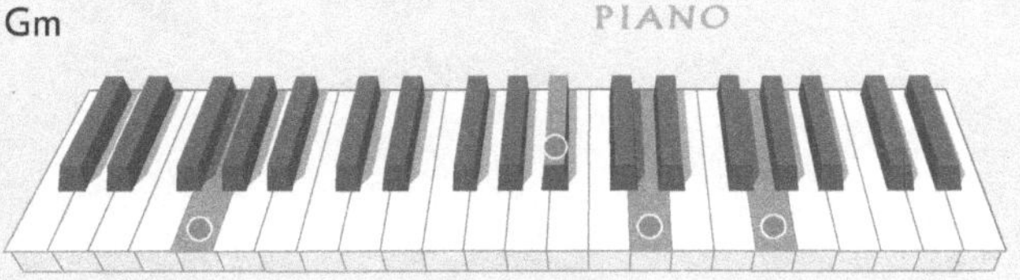

Les trois voicings de **Gm** sonnent comme suit :

▶ 19, 1

Dans la version avec le *si bémol* en haut, la meilleure manière de le jouer est d'utiliser l'annulaire pour cette touche et l'index pour la touche du milieu :

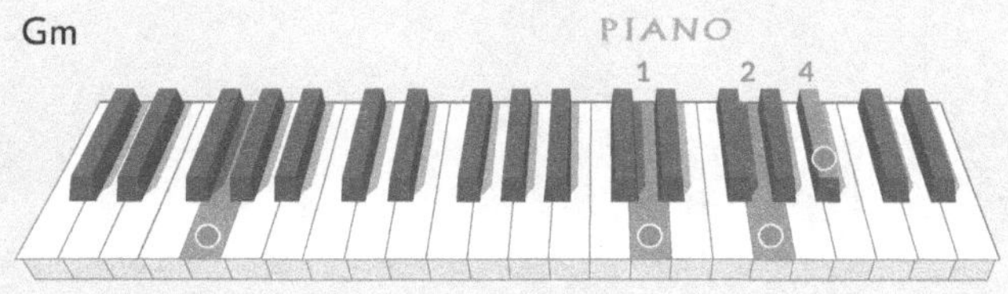

Abba

Avec l'accord **Gm** vous pouvez désormais interpréter *The winner takes it all* d'Abba :

<pre>
                    F
The winner takes it all
                       Dm
The loser's standing small
            Gm
Beside the victory
              C
That's her destiny
</pre>

Vous pouvez tout simplement jouer les accords à tous les temps :

(▶   19, 2)

Cependant, l'atmosphère de la chanson est plus agréable si vous jouez les notes des accords les uns après les autres, de bas en haut :

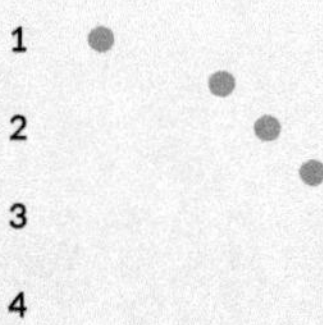

Cet accompagnement sonne comme ceci :

(▶   19, 3)

Veuillez noter qu'en jouant des accords brisés, il est important de maintenir les touches enfoncées après les avoir jouées. Ainsi, après avoir joué le quatrième ton, tous les notes seront entendus ensemble. Ensuite, au quatrième temps (ou peu après), vous relâchez toutes les touches simultanément.

Un dixième accord : B♭

Vous avez désormais acquis la connaissance de neuf accords. Sur chacune des touches blanches, vous maîtrisez au moins un accord construit dessus : C, D, Em, F, G, Am et Bm. Toutefois, il est également possible de construire des accords sur les touches noires. Regardons par exemple B♭ :

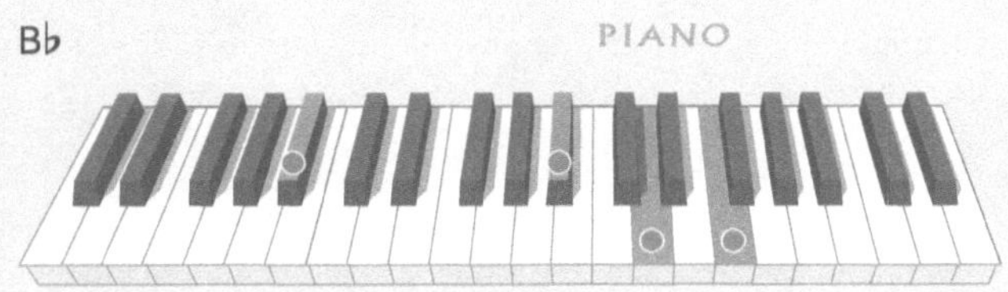

Dans la leçon précédente, nous avons appris que la touche noire de cet accord est *si bémol*. Le « ♭ » en B♭ représente le bémol.

Le bémol indique un abaissement d'un demi-ton et peut également être ajouté à d'autres notes. Par exemple, *mi bémol* se situe un demi-ton en dessous de *mi*, tandis que *sol bémol* se trouve un demi-ton en dessous de *sol*.

Voicing différent

L'harmonisation de l'accord B♭ ci-dessus est un peu difficile à saisir en raison de la position de la touche noire. En revanche, le voicing présenté ci-dessous est plus simple à exécuter :

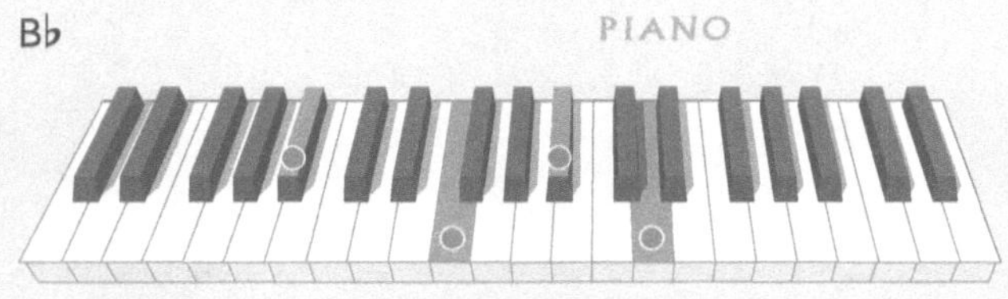

Les deux voicings ci-dessus sonnent comme ceci :

▶ 20, 1

Avril Lavigne

Maintenant que vous êtes familiarisé avec l'accord B♭, vous pouvez accompagner la chanson
Complicated d'Avril Lavigne :

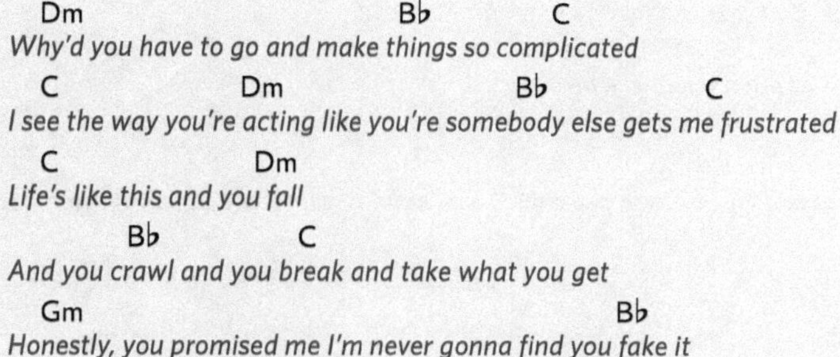

Les rythmes suivants peuvent être employés :

Vous jouez des notes de basse sur le premier temps, puis juste après, entre le premier et le
deuxième temps, et vous répétez ce même rythme à partir du troisième temps. Il est préférable
que la main droite joue les accords sur les temps deux et quatre, plutôt que sur tous les temps. En
intégrant le tout, cela donnera le résultat suivant :

Jessie J

Avec les accords que vous avez maîtrisés jusqu'à présent, vous êtes désormais également en
mesure de jouer *Price tag* de Jessie J :

Si vous jouez le même rythme que dans *Complicated*, ces accords sonneront comme ceci :

Les notes brefs à la basse

Dans la leçon précédente, vous avez appris à jouer *Complicated* d'Avril Lavigne. Pour rendre le rythme de la chanson encore plus dynamique, vous pouvez ajouter   juste avant le troisième temps :

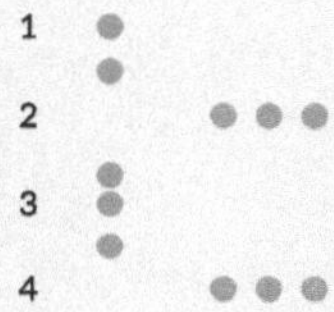

Voici un exemple de la manière dont ce rythme pourrait sonner :

Le rythme mentionné ci-dessus est presque impossible à exécuter si vous utilisez toujours les mêmes notes, car il vous sera difficile de répéter une touche aussi rapidement. La solution consiste à jouer un autre ton juste avant le troisième temps. Dans le clip audio ci-dessous, par exemple dans l'accord C, la note *sol*, située en dessous du *do*, est utilisé :

Jessie J

Dans *Price tag* de Jessie J, vous pouvez adopter le même rythme que celui mentionné ci-dessus. Cependant, le groove sera encore plus plaisant si vous faites une pause sur le troisième temps, tout en continuant de jouer la note juste avant ce temps :

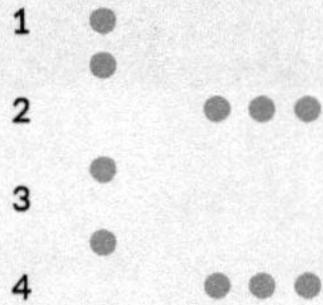

Ce rythme sonne comme suit :

Veuillez noter que le troisième ton de la basse ne se trouve pas exactement à mi-chemin entre les temps deux et trois, mais juste avant le troisième temps.

Les noms des touches noires

Dans le bloc 1, vous avez découvert les noms des touches blanches. Il est maintenant temps de vous familiariser avec les noms des touches noires. Voici un fait intéressant : chaque touche noire possède deux appellations. Nous allons explorer les raisons de cette particularité.

Les noms des touches noires sont issus des touches blanches qui les entourent. Prenons, par exemple, la note suivante :

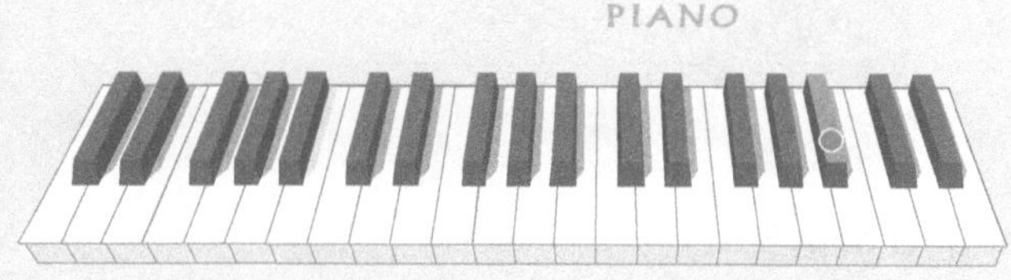

Cette touche se situe juste au-dessus de la touche *la*. On l'appelle donc *la dièse*. (Le dièse indique une élévation d'un demi-ton). Toutefois, on peut également la considérer comme étant directement en dessous de la touche *si*, ce qui nous permet de l'appeler *si bémol*. (Le *bémol* signalant une descente d'un demi-ton.)

Reformulons ce qui précède. Si l'on met *dièse* après une note, il est élevé d'un demi-ton. La touche noire située juste au-dessus de *do* est appelée *do dièse*, celle qui se trouve directement au-dessus de *fa* est *fa dièse*, et ainsi de suite. Ainsi, les touches noires portent les noms suivants :

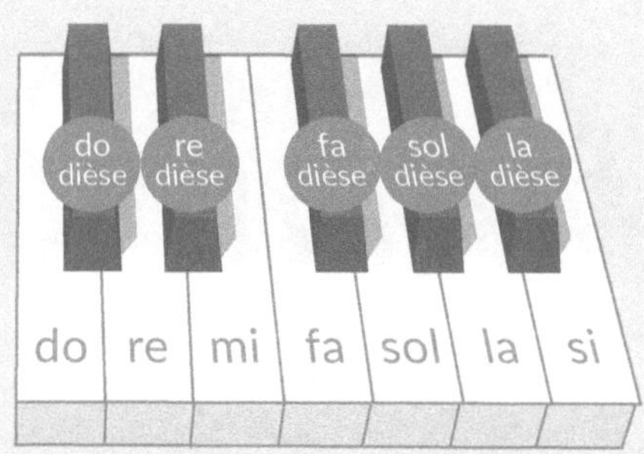

Lorsque vous abaissez une note, un *bémol* est ajouté. La touche noire située directement en dessous de *ré* est appelée *ré bémol*, tandis que celle en dessous de sol est désignée *sol bémol*, et ainsi de suite. Par conséquent, les touches noires peuvent également être nommées de la manière suivante :

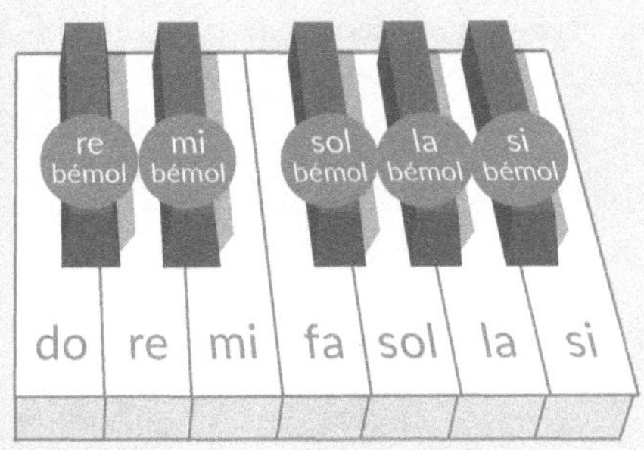

Quand utiliser quel nom ?

Le nom à attribuer à une touche noire varie en fonction de la structure de l'accord. Prenons par exemple les accords G et Gm :

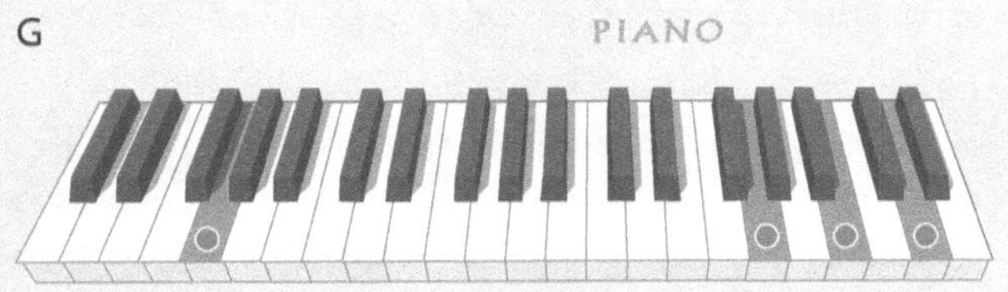

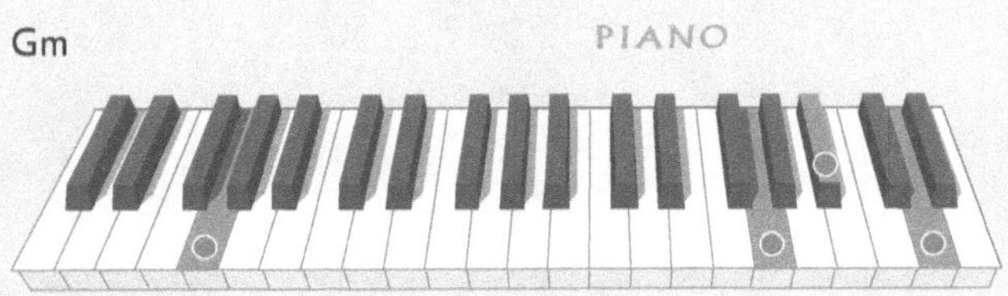

 Dans l'accord G, on trouve la note *si*. Dans l'accord mineur Gm, il y a une touche noire. Le nom de la touche noire provient du si, c'est pourquoi on l'appelle *si bémol* plutôt que *la dièse*.

Une note élevé

Voici un autre exemple, utilisant les accords Dm et D :

Dans l'accord Dm, la note *fa* est présente. Pour l'accord D, ce ton est déplacé vers le haut. Ainsi, dans cet accord, la touche noire est désignée comme un *fa dièse* plutôt qu'un *sol bémol*.

Examinons maintenant les distances entre les touches du piano, que l'on appelle en musique, des *intervalles*. Dans cette leçon, nous allons commencer par aborder les intervalles les plus petits.

La distance entre deux touches adjacentes est appelée un *demi-ton*. Lorsqu'il y a une touche intermédiaire entre deux touches, celles-ci sont séparées par un ton entier.

Entre *mi* et *fa*, il n'y a pas d'autre touche, ce qui signifie que *fa* est un demi-ton au-dessus de *mi*. Il n'y a pas de touche entre *do* et *do dièse*, ce qui place *do dièse* un demi-ton au-dessus de *do*. Enfin, la note *si bémol* se situe directement en dessous de *si*, ce qui fait que *si bémol* est un demi-ton en dessous de *si*.

Voici quelques exemples de tons entiers :

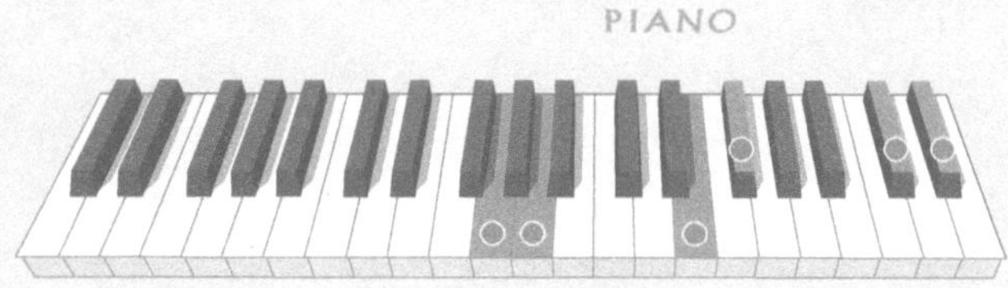

Entre *la* et *si*, il y a une seule touche (noire), ce qui signifie que la distance qui les sépare est un ton entier. Entre *mi* et *fa dièse*, il y a une touche (blanche), donc l'intervalle entre ces deux notes est également d'un ton entier. Enfin, la distance entre *do dièse* et *ré dièse* représente également un ton entier.

Gamme

Dans le premier bloc, nous avons étudié la gamme formée par les touches blanches. Nous avons mentionné qu'il s'agit de la gamme de do majeur :

Entre les to notes ns consécutifs de la gamme, on trouve soit un demi-ton, soit un ton entier. Deux de ces intervalles correspondent à un demi-ton, à savoir *mi–fa* et *si–do*. Les autres intervalles correspondent à un ton entier. Ainsi, la succession des intervalles entre les notes de la gamme se présente comme suit : un ton entier, un ton entier, un demi-ton, un ton entier, un ton entier, un ton entier, et enfin un demi-ton. En résumé : entier–entier–demi–entier–entier–entier–demi :

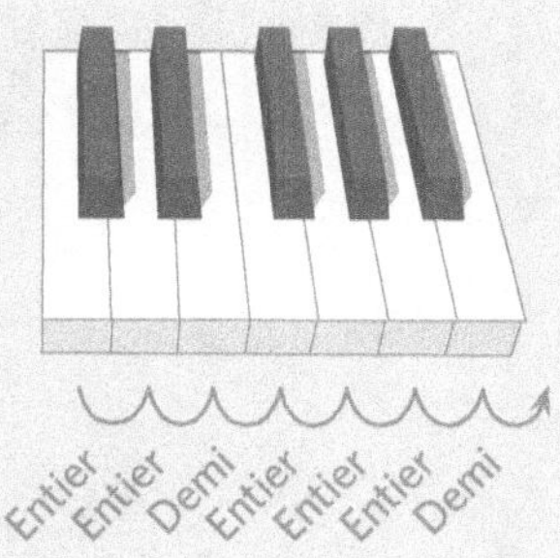

Dans les leçons à venir, vous découvrirez qu'il est possible de créer des gammes à partir de chaque ton du clavier, et que les intervalles sont analogues à ceux de la gamme mentionnée précédemment.

Vous allez apprendre un nouvel accord comportant une touche noire, à savoir A. Dans cette harmonie, la touche noire est appelée *do dièse* :

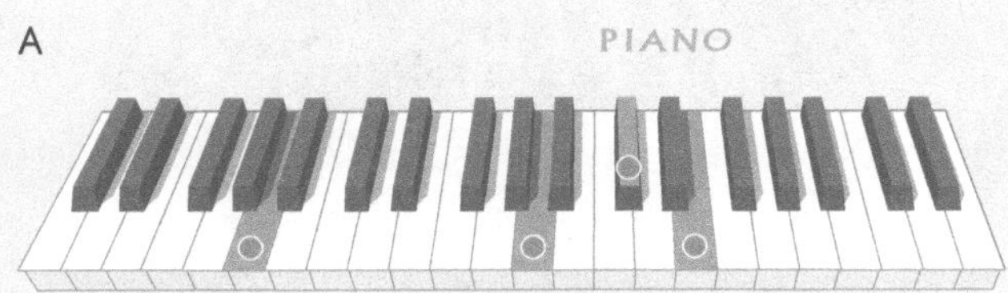

Voici deux voicings alternatifs pour l'accord :

Les trois voicings de l'accord sonnent comme ceci :

Wham!

Avec l'accord A, vous pouvez désormais accompagner *Last Christmas* de Wham!:

<pre>
       D
Last Christmas I gave you my heart
           Bm
But the very next day you gave it away
        Em
This year to save me from tears
         A
I'll give it to someone special
</pre>

Ces accords peuvent sonner de la manière suivante:

(▶ 24, 2)

Le rythme qui est joué ici est le suivant:

Non Blondes

Voici une autre chanson dans laquelle l'accord A est utilisé, *What's up* de 4 Non Blondes:

<pre>
  C
And I said hey, hey
  C
I said hey, what's going on
</pre>

La chanson *What's up* est assez lente, mais elle possède un groove très entraînant. Pour obtenir ce type de son, il est possible de répéter les notes de basse plusieurs fois. Par exemple, vous pourriez jouer le rythme suivant :

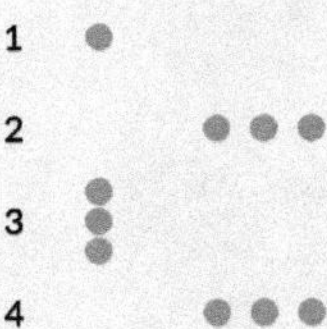

Dans ce rythme, vous ne jouez pas la basse au milieu des temps 2 et 3, ni au milieu des temps 3 et 4. Au lieu de cela, vous jouez une note de basse juste avant le troisième temps et un autre ton juste après ce temps. Ce rythme sonne comme suit :

Un douzième accord : F#m

Vous allez maintenant apprendre un premier accord basé sur une note élevée, à savoir F#m :

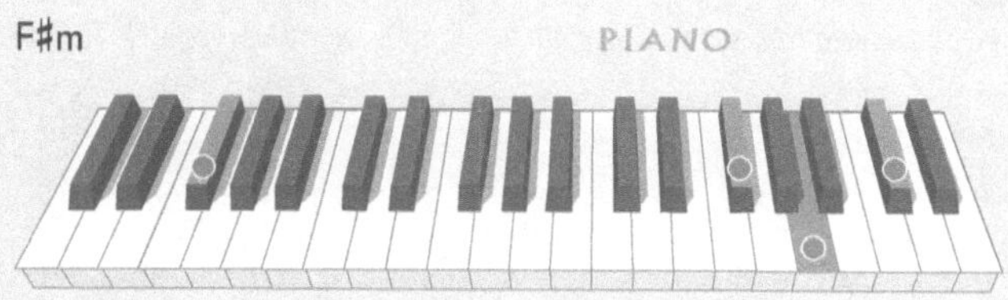

Cet accord se prononce « fa dièse mineur » ou « F sharp minor » en anglais.

En alternative, vous avez la possibilité de jouer un voicing plus grave avec la main droite :

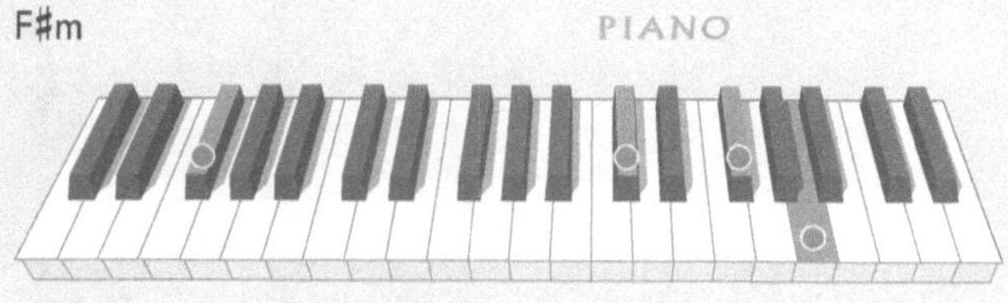

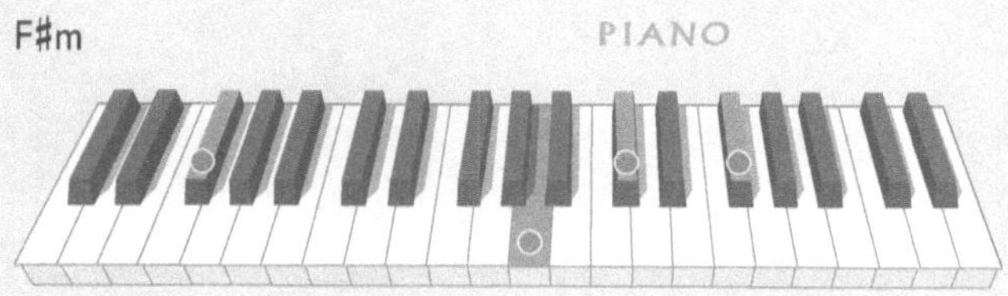

Les trois voicings ci-dessus sonnent comme ceci :

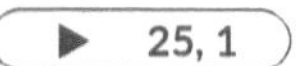

Plain White T's

Avec l'accord F#m, vous pouvez désormais jouer *Hey there Delilah* de Plain White T's:

<pre>
    D   F#m
Hey there Delilah, what's it like in New York City
    D   F#m
I'm a thousand miles away, but girl tonight you look so pretty
  Bm
Yes you do
   G   A   Bm
Times Square can't shine as bright as you
              A
I swear it's true
</pre>

Dans l'enregistrement original, les accords sont interprétés à la guitare. Les notes de basse sont jouées sur le temps, tandis que les tons aigus sont exécutés entre les temps :

▶ 25, 2

The Black Eyed Peas revisités

Revenons sur *I Gotta Feelin'* de The Black Eyed Peas. Dans l'une de vos premières leçons, vous avez appris les accords de cette chanson de la manière suivante :

```
              G
I gotta feelin'
                 C
That tonight's gonna be a good night
             Em
That tonight's gonna be a good night
                 C
That tonight's gonna be a good, good night
```

Depuis, vous avez acquis de nombreux nouveaux accords. Grâce à ces connaissances, vous êtes désormais en mesure d'accompagner le morceau à différentes hauteurs. En utilisant les accords F, B♭ et Dm, vous pouvez jouer la chanson un ton entier plus bas :

```
            F
I gotta feelin'
        B♭
That tonight's gonna be a good night
        Dm
That tonight's gonna be a good night
        B♭
That tonight's gonna be a good, good night
```

La version plus basse sonne comme ceci :

(▶   26, 1)

Plus haut

Maintenant que vous maîtrisez les accords F♯m et A, vous pouvez également jouer les accords
originaux un peu plus haut :

A
I gotta feelin'
D
That tonight's gonna be a good night
F♯m
That tonight's gonna be a good night
D
That tonight's gonna be a good, good night

Cette version sonne comme ceci :

▶   26, 2

Les divers types de voix

Chaque chanteur a ses propres préférences en matière de hauteur pour chanter *I Gotta Feelin'*.
Pour certaines voix, la version originale peut être un peu trop aiguë, tandis que pour d'autres,
elle peut être trop grave. Cependant, vous savez désormais quels accords jouer pour augmenter
ou diminuer la chanson d'un ton entier. Plus vous maîtrisez d'accords, plus vous aurez de pos-
sibilités pour trouver la hauteur idéale pour accompagner les chansons.

Rihanna revisitée

Maintenant que vous connaissez l'accord F#m, vous pouvez également jouer *Diamonds* de Rihanna sur des hauteurs alternatives. Au départ, vous avez appris cette chanson avec les accords suivants :

```
              F     Am        G
     So shine bright tonight, you and I
     G             Em            F
     We're beautiful like diamonds in the sky
         Am     G
     Eye to eye, so alive
       G             Em            F
     We're beautiful like diamonds in the sky
```

Si vous montez la chanson d'un ton entier, les accords seront comme ceci :

```
           G   Bm        A
     So shine bright tonight, you and I
     A           F#m         G
     We're beautiful like diamonds in the sky
         Bm     A
     Eye to eye, so alive
       A             F#m           G
     We're beautiful like diamonds in the sky
```

La version plus haute sonnera comme suit :

(▶   27, 1)

Jusqu'à présent, nous n'avons pas traité les accords pour pouvoir jouer *Diamonds* une note plus basse. Cependant, vous pouvez jouer la chanson cinq demi-tons plus bas :

<pre>
        C   Em   D
So shine bright tonight, you and I
    D   Bm   C
We're beautiful like diamonds in the sky
        Em   D
Eye to eye, so alive
    D   Bm   C
We're beautiful like diamonds in the sky
</pre>

Cette version, qui commence par l'accord C, sonne comme ceci :

▶ 27, 2

Bloc 4

Dans cette leçon, vous découvrirez un autre accord. Cette fois-ci, c'est l'accord E :

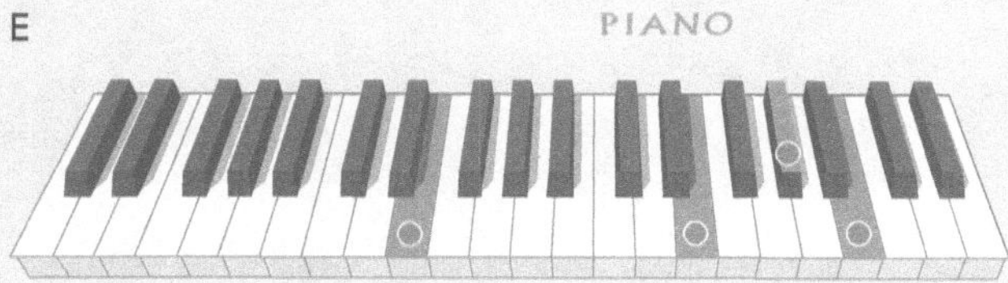

Lors d'une leçon précédente, vous avez appris l'accord Em et utilisé la note *sol* dans cette harmonie. En revanche, dans l'accord E, vous jouez un *sol dièse*, qui est la touche noire située juste au-dessus.

Voici quelques voicings alternatifs pour l'accord E :

Les trois voicings sonnent comme ceci :

▶ 28, 1

Imagine Dragons

Avec l'accord E, vous pouvez jouer *Radioactive* d'Imagine Dragons. Les accords de la chanson sont les suivants :

<pre>
        Bm   D
I'm waking up, I feel it in my bones
    A   E
Enough to make my systems blow
    Bm   D
Welcome to the new age, to the new age
    A   E
Welcome to the new age, to the new age
    Bm D   A   E
Woh, woh, I'm radioactive, radioactive
</pre>

Pour l'accompagnement vous pouvez adopter ce rythme de base :

Vous jouez une note de basse sur le premier temps, puis un autre entre les temps un et deux. À partir du troisième temps, vous répétez ce rythme. Avec la main droite, vous jouez les accords sur les temps deux et quatre.

L'accompagnement sonnera comme ceci :

(▶ 28, 2)

Doubles notes de basse

La chanson *Radioactive* se distingue par un groove puissant et une ligne de basse audacieuse. Une bonne technique pour créer ce son consiste à jouer les notes de basse en octaves. Pour ce faire, vous étendez la main gauche et, avec l'auriculaire et le pouce, vous jouez deux tons séparés par une octave.

À chaque ton que vous jouez avec votre main gauche, vous ajoutez la note correspondante située une octave plus bas. Par exemple, pour l'accord E, vous jouez deux fois la note *mi* simultanément :

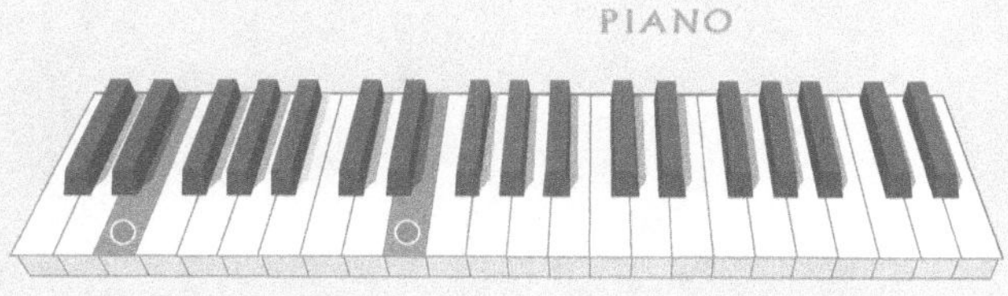

Avec les doubles notes de basse, la chanson sonne comme suit :

(▶ 28, 3)

On peut indiquer le rythme en utilisant des doubles notes de basse de la manière suivante :

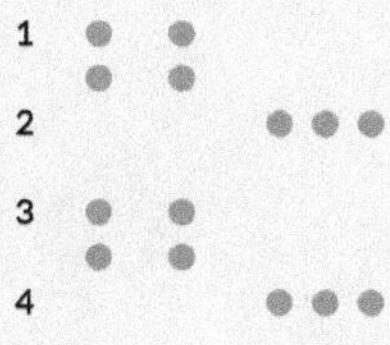

Image

Veuillez noter que dans l'accord B, le petit doigt de la main gauche joue désormais une note qui ne peut pas être représenté sur les images utilisées dans ce livre. Après tout, dans cette image, la note la plus basse est le *do* :

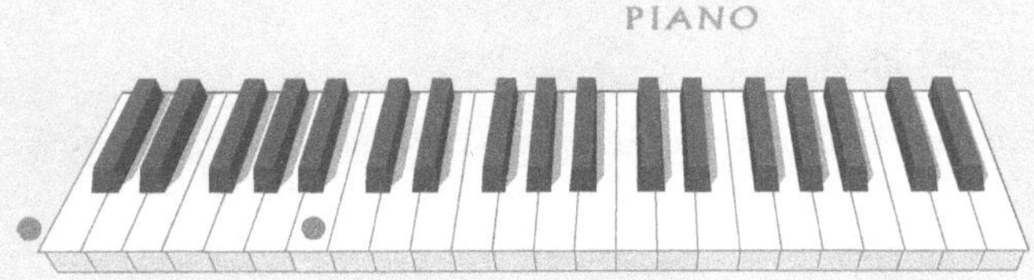

Heureusement, sur un véritable piano, il n'y a aucun problème à se déplacer encore plus vers la gauche.

Nous abordons désormais un concept essentiel pour jouer de la musique : les tonalités. Chaque chanson est associée à une tonalité, qui détermine la gamme utilisée ainsi que l'accord principal de la pièce.

Par exemple, la tonalité de *Wonderful tonight* d'Eric Clapton est sol majeur. Cela signifie que l'accord de base de la chanson est G et que sa gamme est sol majeur. Nous aborderons ce type de gamme plus en détail ultérieurement.

Tension

En règle générale, l'accord de base d'une chanson est celui qui est le plus fréquemment utilisé. Souvent, une chanson débute et se termine par cet accord. De plus, dans de nombreuses chansons, les couplets et les refrains individuels commencent et se concluent également par ce même accord.

Lorsque des accords autres que l'accord principal sont joués dans la chanson, cela engendre une tension musicale. L'auditeur anticipe que la musique se poursuivra jusqu'à ce que l'accord de base réapparaisse, permettant ainsi à la tension de se relâcher.

Eric Clapton

Examinons *Wonderful tonight* d'Eric Clapton. La tonalité de cette chanson est sol majeur, ce qui signifie que la gamme de sol majeur est utilisée, avec l'accord de base qui est G. Dans le refrain, on retrouve également les accords C, D et Em :

<pre>
    C   D   G   Em
And then she asks me: do I look alright
    C   D   G
And I say yes, you look wonderful tonight
</pre>

À la fin du refrain, l'accord G résonne, marquant ainsi la conclusion de la chanson. Si celle-ci se terminait sur C ou D, cela créerait une impression étrange et donnerait une sensation d'inachevé :

▶ 29, 1

Début et fin

Vous avez appris précédemment que les chansons possèdent généralement un accord de base. Identifions les accords de base de certaines des chansons que vous avez étudiées jusqu'à présent. *The first cut is the deepest* de Sheryl Crow commence et se termine par l'accord C. La chanson *Complicated* d'Avril Lavigne débute et se termine par l'accord Dm. Dans *The winner takes it all* d'Abba et *Price tag* de Jessie J, le premier et le dernier accord sont F, et ainsi de suite.

Hauteur

Dans les leçons précédentes, nous avons abordé le sujet du déplacement des chansons vers le haut et vers le bas. Par exemple, vous avez joué *I gotta feelin'* des Black Eyed Peas à trois hauteurs différentes. Lorsque vous modifiez la hauteur d'une chanson, la tonalité en est également affectée. La tonalité de la version originale de *I gotta feelin'* est sol majeur. Lorsqu'il est joué un ton entier plus bas, la tonalité est fa majeur, tandis qu'un ton entier plus haut correspond à la tonalité la majeur.

La tonalité d'une chanson nous fournit des indications sur sa hauteur. En tant que pianiste, lorsque vous accompagnez un chanteur expérimenté, il vous fera savoir quelle est sa tonalité préférée pour interpréter la chanson.

Premier accord

Dans ces leçons, seule une partie des accords, comme le refrain ou le couplet, est présentée pour chaque chanson. Le premier accord présenté indique généralement la tonalité de la pièce musicale. Cependant, ce n'est pas systématiquement le cas. Par exemple, dans *Wonderful tonight* d'Eric Clapton, le refrain débute par l'accord C, bien que la tonalité soit en sol majeur. Et dans *Diamonds* de Rihanna, le refrain débute par l'accord F, bien que la tonalité de la pièce soit la mineur.

La ligne de basse

Lors d'une leçon précédente, nous avons abordé le fait qu'avec la main gauche, vous pouvez jouer non seulement la note fondamentale des accords, mais également d'autres tons. Nous avons expliqué qu'il était intéressant de jouer des tons qui mènent à la fondamentale de l'accord suivant, d'où leur appellation de «notes de basse connectés». En variant les notes de basse que vous jouez, vous pouvez créer un son encore plus harmonieux.

Bill Withers

Certaines chansons possèdent une ligne de basse particulière que vous souhaitez jouer fidèlement à l'original. Un excellent exemple est *Ain't no sunshine* de Bill Withers. Commençons par examiner les accords de cette chanson :

tonalité : la mineur

Am
Ain't no sunshine when she's gone
Am
It's not warm when she's away
Em
Ain't no sunshine when she's gone
Dm
And she's always gone too long
Am
Anytime she goes away

Un rythme adéquat consiste à jouer la basse sur les temps et à utiliser la main droite entre les temps :

Si vous jouez la note fondamentale des accords sur les temps un et trois, la partie de piano sonne de la manière suivante :

Notes supplémentaires dans la basse

Cependant, vous constaterez que l'accompagnement ne sonne pas aussi plaisant que l'original. La sensation de la chanson est améliorée lorsque la main gauche joue d'autres tons en plus de la fondamentale des accords. Dans la version originale, pour l'accord de Am, la note *mi* (en dessous du *la*) est jouée sur le troisième temps, tandis que la note *sol* sur le quatrième temps. Dans l'image suivante, vous pourrez voir les notes de basse qui varient :

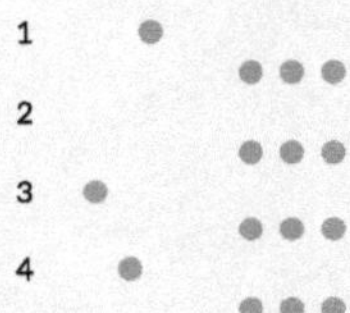

Cette ligne de basse sonne comme suit :

Tonalité

Vous avez peut-être remarqué que dans les accords de *Ain't no sunshine*, la tonalité de la chanson était indiquée dans le coin supérieur droit. Désormais, nous indiquerons la tonalité de cette façon.

Ain't no sunshine commence et se termine par l'accord Am. (Il s'agit d'une chanson où l'accord principal est joué au début et à la fin de chaque section.) Par conséquent, la tonalité de la chanson est la mineur.

La septième

Jusqu'à présent, vous avez joué des accords composés de trois tons différents. (En réalité, vous avez utilisé quatre touches, mais la note fondamentale a été jouée deux fois.) Ce type d'accord est connu sous le nom de triade. Cependant, il est possible de former des accords avec quatre, voire cinq tons. Ces tons supplémentaires sont appelés *ajouts*. Dans cette leçon, vous découvrirez l'ajout le plus courant : *la septième*.

Nous avons démontré qu'un accord est principalement composé des tons 1–3–5. Vous avez également appris les appellations de ces trois tons : la fondamentale, la tierce et la quinte. La séquence 1–3–5 peut être étendue jusqu'au 7, et cet ajout est désigné sous le nom de septième.

Bm avec septième

À titre d'exemple, examinons la triade Bm à laquelle nous ajoutons une septième :

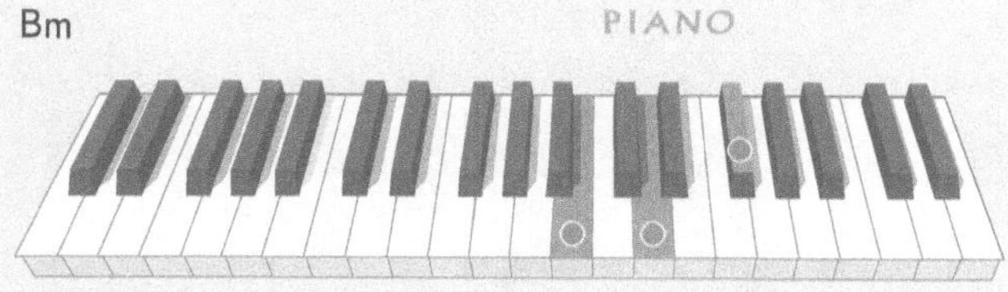

La triade Bm se compose des trois tons *si–ré–fa dièse*. À cela, on ajoute un quatrième ton, qui est *la* :

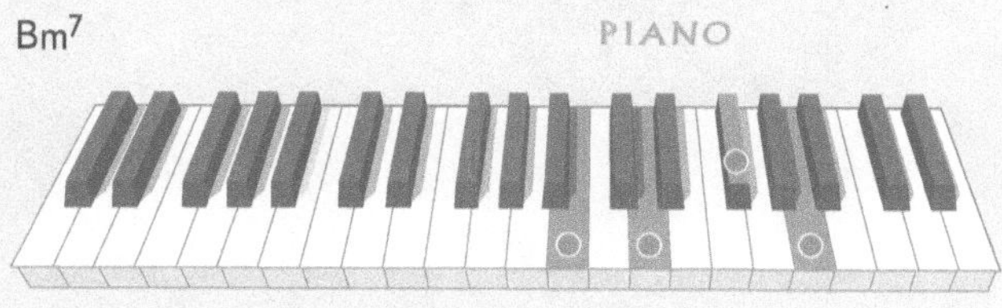

L'accord Bm avec la septième est noté Bm⁷ et sonne comme ceci :

▶ 31, 1

Autres voicings

Le voicing présenté ci-dessus n'est pas le plus harmonieux. L'accord s'améliore si l'on déplace la note *la* d'une octave vers le bas :

Dans cet accord, la main droite doit jouer quatre touches, ce qui complique le voicing. Toutefois, il est possible de contourner ce problème. En effet, dans un accord de septième, il n'est pas toujours nécessaire de jouer la fondamentale avec la main droite. Si la main gauche s'en charge déjà, vous pouvez l'omettre avec la main droite.

Cela signifie que vous pouvez également jouer l'accord de la manière suivante :

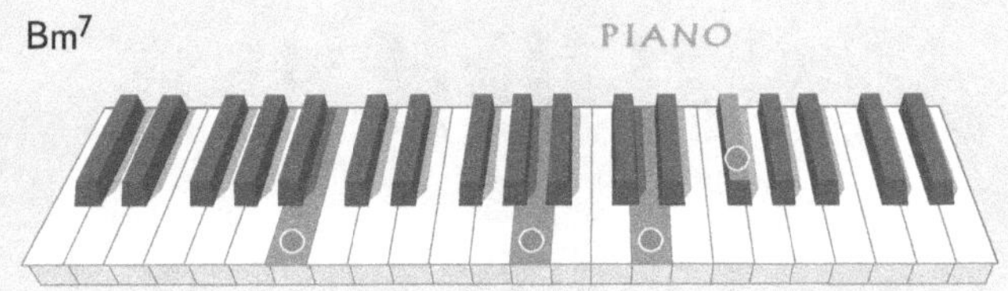

Désormais, vous ne jouez plus que trois tons avec la main droite.

Les deux derniers voicings mentionnés ci-dessus sonnent comme ceci :

▶ 31, 2

Alicia Keys

Dans le premier bloc, vous avez étudié *Fallin'* d'Alicia Keys en utilisant les accords Em et Bm.
Cependant, pour le moment, nous avons volontairement simplifié les accords. En réalité, le Bm
devrait être remplacé par un Bm^7. En jouant la chanson de cette manière, elle paraît encore plus
riche et plus belle :

tonalité : ré mineur

Em   Bm^7
I keep on fallin' in and out
Em   Bm^7
Of love with you

Avec ce nouvel accord, l'accompagnement sonne comme suit :

▶ 31, 3

Dans le bloc 2, vous avez étudié la chanson *Sunday Morning* de Maroon 5, en utilisant les accords Dm, G et C. Cependant, dans la chanson, c'est en réalité Dm^7 qui est utilisé à la place de l'accord Dm.

Nous pouvons créer cet accord en ajoutant la septième *do* à la triade *ré–fa–la* :

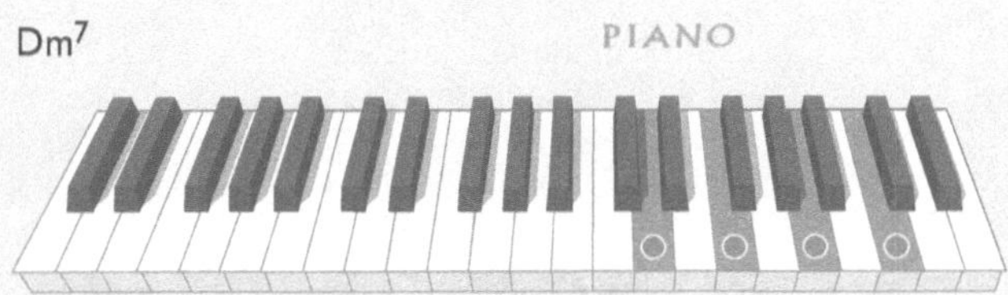

Voicings alternatifs

Dans le voicing mentionné ci-dessus, la septième est placée en haut. Cela signifie que les tons sont empilés de la même manière que l'accord est construit, ce qui produit un son plutôt terne. Il est plus intéressant de jouer le *do* une octave plus bas, comme dans le voicing suivant :

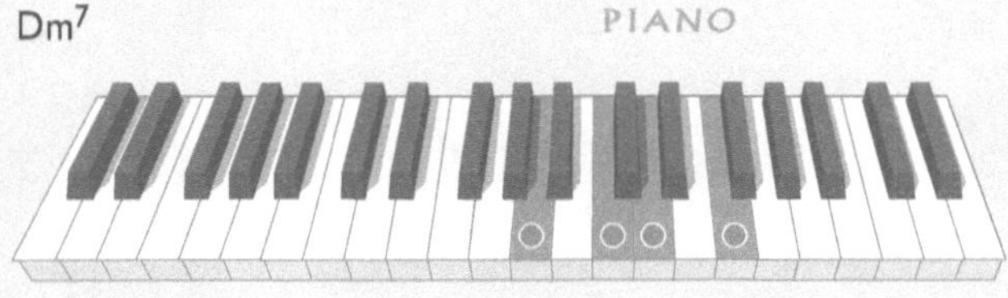

Lors de la leçon précédente, nous avons appris qu'il n'est pas toujours indispensable de jouer la note fondamentale avec la main droite. Si vous le jouez dans la main gauche, vous pouvez l'omettre dans la main droite :

Les trois voicings ci-dessus sonnent comme ceci :

(▶ 32, 1)

Maroon 5

Maintenant que vous maîtrisez Dm^7, vous êtes en mesure de jouer les vrais accords de *Sunday Morning* :

tonalité : do majeur

```
    C      Dm⁷ G C
That may be all I need
            Dm⁷ G C
In darkness she is all I see
             Dm⁷ G  C
Come and rest your bones with me
                 Dm
Driving slow on Sunday morning
    G          C
And I never want to leave
```

La version avec Dm^7 sonne ainsi :

(▶ 32, 2)

La distinction avec la première version n'est pas immédiatement perceptible, mais si vous prêtez une oreille attentive, vous remarquerez peut-être que la nouvelle version sonne légèrement plus douce et plus chaleureuse.

Dans le bloc 1, vous avez appris à jouer la chanson *Perfect* de Pink, en utilisant les accords G, D, Em et C. Cependant, une version améliorée peut être réalisée avec Em^7 :

tonalité : sol majeur

G
Pretty, pretty please
D
Don't you ever, ever feel
Em^7
Like you're less than
C
Fuckin' perfect

Em avec septième

L'accord Em^7 est créé en ajoutant la note *ré* à la triade *mi–sol–si* :

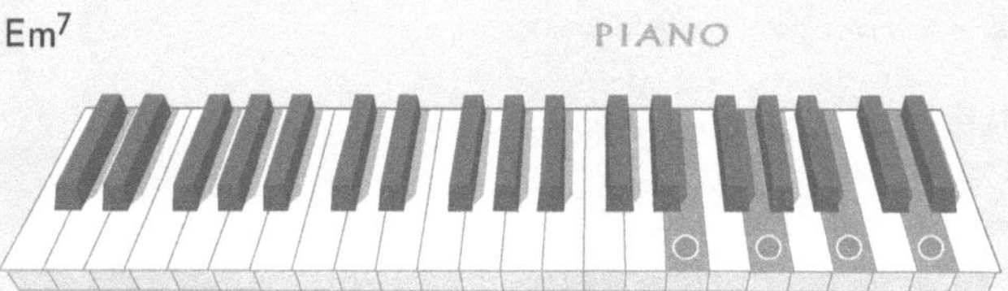

Nous avons précédemment souligné que ce type de voicing avec la septième en haut n'est pas le plus harmonieux. L'accord sonne mieux par exemple avec la note *sol* en position supérieure :

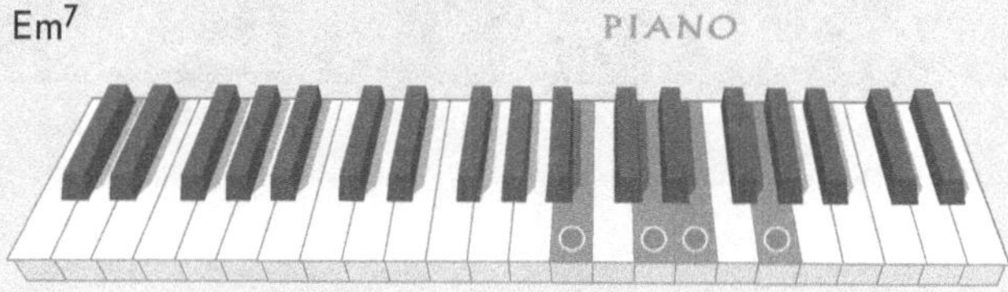

N'oubliez pas que tant que vous jouez la note fondamentale avec votre main gauche, il n'est pas nécessaire de le reproduire avec votre main droite :

Ces trois voicings différents de l'accord sonnent comme ceci :

$$\boxed{\blacktriangleright \quad 33, 1}$$

La partie piano de *Perfect* avec un Em^7 à la place d'un Em sonne comme suit :

$$\boxed{\blacktriangleright \quad 33, 2}$$

Un nouvel accord : E♭

Vous allez maintenant apprendre un nouvel accord, E♭. Dans cette harmonie, nous utilisons deux touches noires :

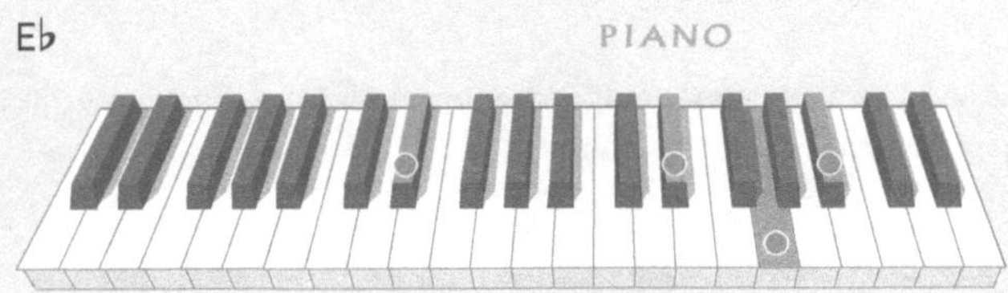

Vous avez également la possibilité de jouer l'accord de la manière suivante :

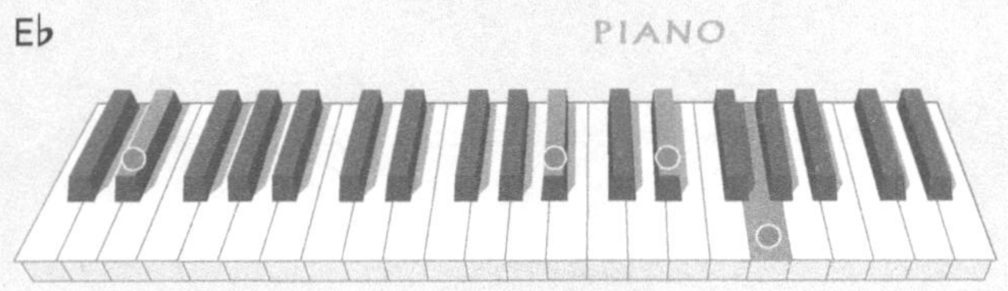

Les trois voicings de E♭ sonnent ainsi :

▶ 34, 1

Bob Marley

Avec l'accord E♭ vous pouvez désormais accompagner *No woman, no cry* de Bob Marley :

tonalité : si bémol majeur

<pre>
Bb F   Gm Eb
No woman, no cry
Bb F   Gm F
No woman, no cry
Bb F   Gm Eb
No woman, no cry
Bb F   Gm F
No woman, no cry
</pre>

Le style de cette chanson est le reggae, dans lequel le guitariste effectue de courts accents entre les temps. Au piano, vous pouvez reproduire ces accents avec la main droite :

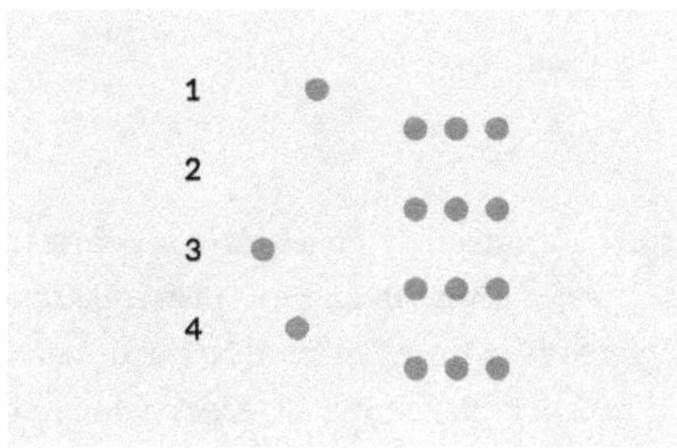

Écoutez cet accompagnement ici :

▶ 34, 2

Dans le premier bloc, vous avez découvert la gamme de do majeur, qui se joue en utilisant toutes les touches blanches de *do* à *do* :

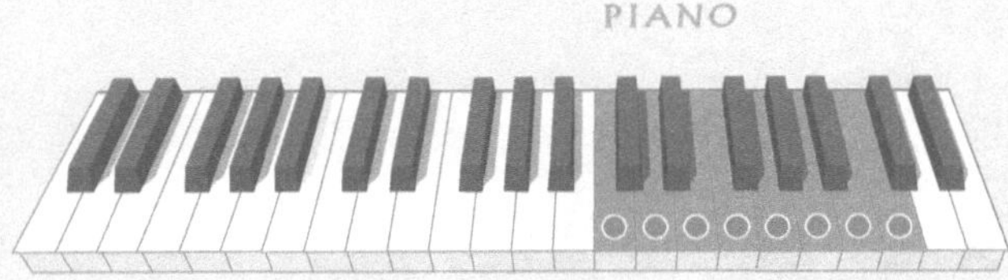

Nous avons observé que les distances entre les tons de la gamme varient. La distance entre *do* et *ré* correspond à un ton entier, tout comme celle entre *ré* et *mi*. En revanche, l'intervalle entre *mi* et *fa* est un demi-ton. De plus, à la fin de la gamme, il existe également un autre demi-ton, entre *si* et *do*.

Décalage vers le haut

Vous allez maintenant découvrir la gamme de ré majeur. Nous commencerons par la gamme de do majeur et décalerons tous les tons d'un ton entier. Ainsi, le *do* se transforme en *ré* et le *ré* devient *mi*, ce qui fait que ces deux tons se trouvent sur des touches blanches. Cependant, la situation est différente pour la note suivante. Si nous décalons *mi* d'un ton entier, nous arrivons à *fa dièse*. Cela signifie que dans la gamme de ré majeur, les touches noires et blanches sont toutes deux utilisées.

La gamme complète de ré majeur ressemble donc à ceci :

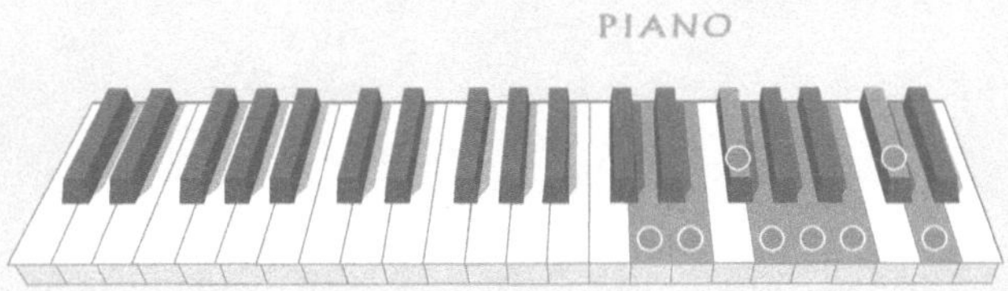

Veuillez noter que pour cette gamme, une autre touche noire est également utilisée, à savoir le *do dièse*.

Cela signifie que dans la gamme de ré majeur, on trouve deux touches noires, *fa dièse* et *do dièse*. La gamme sonne comme suit:

(▶   35, 1)

Wham!

Étant donné que sa tonalité est en ré majeur, revenons à *Last Christmas* de Wham! Voici à nouveau les accords de la chanson:

tonalité : ré majeur

```
        D
Last Christmas I gave you my heart
            Bm
But the very next day you gave it away
      Em
This year to save me from tears
                  A
I'll give it to someone special
```

La mélodie de la chanson repose principalement sur les tons de la gamme de ré majeur, tout comme les accords. Dans les accords D et Bm, la note *fa dièse* est présent, tandis que l'accord A utilise la note *do dièse*.

Rappeler

La plupart du temps, les accords d'une chanson sont basés sur les tons d'une gamme. Ainsi, connaître cette gamme vous facilitera la mémorisation des accords. Par exemple, dans la gamme de *Last Christmas* on trouve un *do dièse*. Si vous devez jouer un accord sur la note *la*, vous vous attendez à ce que le *do dièse* soit présent dans l'accord plutôt que le *do* naturel, ce qui en fera un accord majeur.

La gamme de si bémol majeur

Lorsque nous avons étudié la gamme de ré majeur, nous avons commencé avec la gamme de do majeur et avons décalé tous les tons d'un ton entier vers le haut. À présent, nous allons abaisser la gamme de do majeur d'un ton entier pour obtenir la gamme de si bémol majeur.

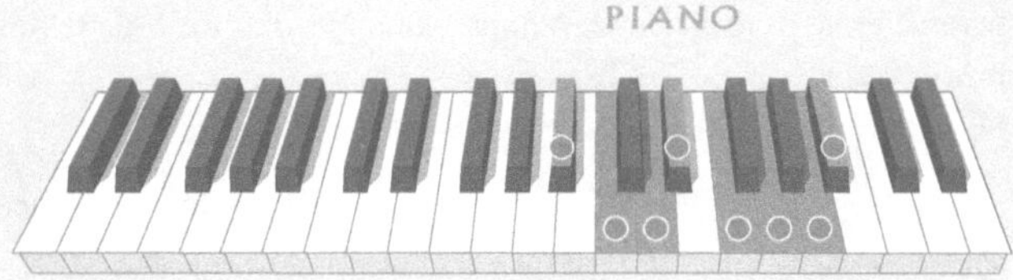

Le *do* est décalé vers *si bémol*, le *ré* vers *do*, le *mi* vers *ré*, le *fa* vers *mi bémol*, et ainsi de suite. Dans cette gamme – tout comme en ré majeur – on trouve deux touches noires. Cette fois-ci, ces touches sont appelées *si bémol* et *mi bémol*.

Écoutez la gamme ici :

(▶ 36, 1)

Bob Marley

Jusqu'à présent, nous n'avons étudié qu'une seule chanson en la tonalité de si bémol majeur, à savoir, *No woman, no cry* de Bob Marley. Vérifions si les accords correspondent à la gamme de si bémol majeur. Voici les accords de la première partie du refrain :

tonalité : si bémol majeur

Bb F   Gm Eb
No woman, no cry
Bb F   Gm F
No woman, no cry

Dans les accords Bb, Gm et Eb, les touches noires *si bémol* et *mi bémol* sont utilisées. Par conséquent, dans cette chanson, les accords respectent bien la gamme.

Tons élevées et abaissées

Nous avons observé que dans la gamme de ré majeur, les touches noires *fa dièse* et *do dièse* sont présentes, tandis que dans la gamme de si bémol majeur, on trouve *si bémol* et *mi bémol*. Donc, en ré majeur, il y a des tons avec des dièses, alors qu'en si bémol majeur, il y a des tons avec des bémols. Comment savoir si vous devez indiquer les touches noires comme des tons élevés ou abaissés ? La règle stipule que chaque ton noir d'une gamme doit provenir d'une touche blanche distincte.

Dans la gamme de sol majeur, la touche blanche *sol* est utilisée. Par conséquent, le nom de la touche noire entre *fa* et *sol* ne peut pas être dérivé de *sol* et doit plutôt être désigné comme *fa dièse* :

En si bémol majeur, c'est tout le contraire. Étant donné qu'il y a un *ré* dans la gamme, la note située au-dessus ne peut pas être désigné comme *ré dièse* et est donc appelée *mi bémol* :

Index

Accords

Gammes

Chansons

Notation français et anglais des tons

Touches blanches

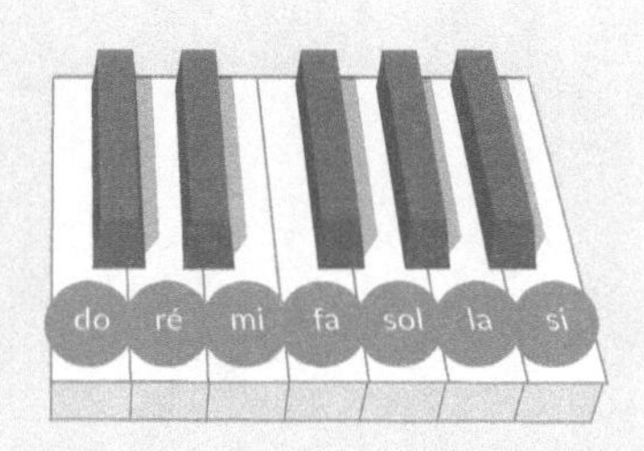

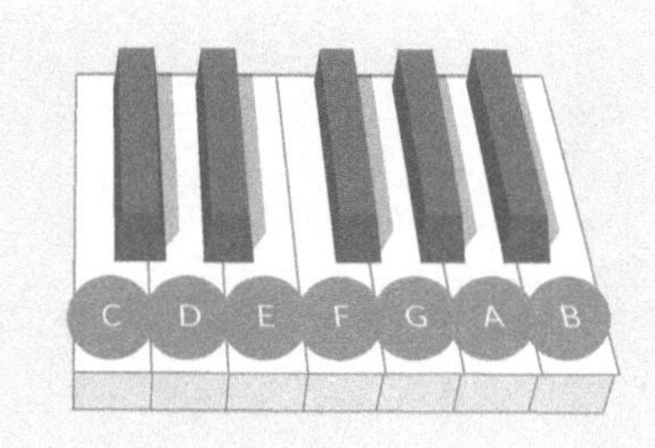

Touches noires avec un dièse

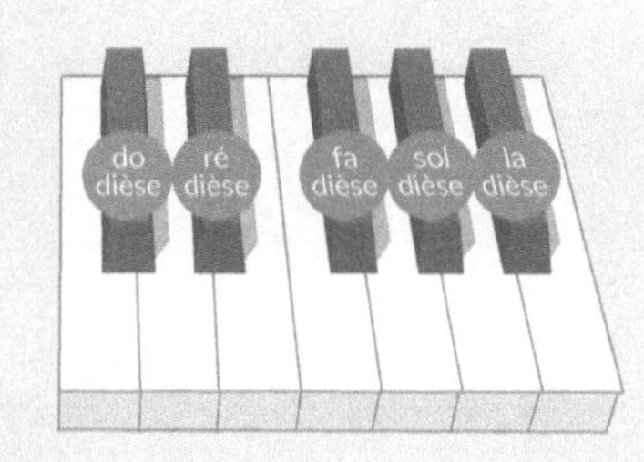

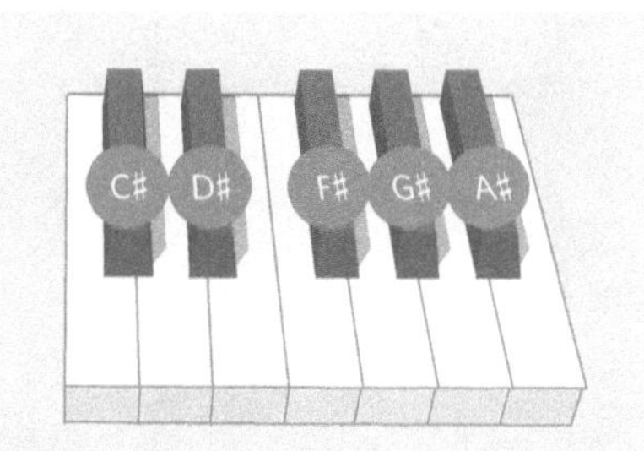

Touches noires avec un bémol

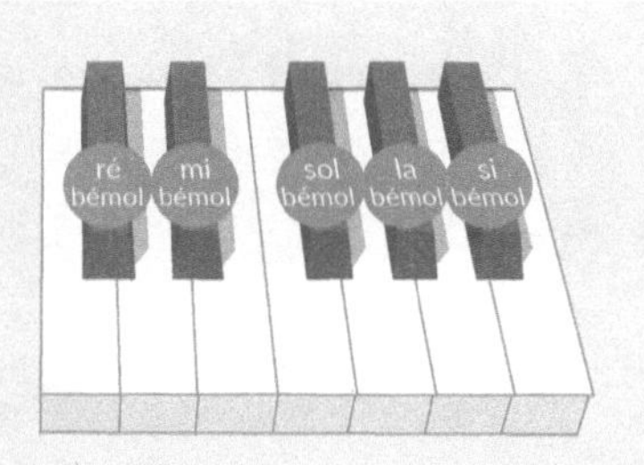

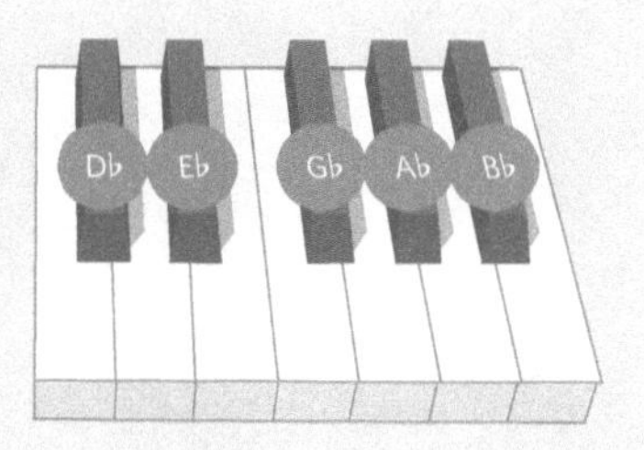

Glossaire

A

Accord Harmonie, principalement composée d'une fondamentale, d'une tierce et d'une quinte, et d'ajouts facultatifs.

Accord brisé Accord dans lequel les tons ne sont pas joués simultanément, mais successivement. En règle générale, ils sont exécutés de bas en haut.

Accord dim Accord jazzy composé de quatre tons, avec une tierce mineure entre les tons consécutifs. Par exemple, les notes de l'accord G^{dim} sont *sol–si bémol–ré bémol–mi*. Un accord dim peut également être noté par un cercle en exposant, comme dans G°.

Accord majeur Accord avec une tierce majeure. S'il n'y a pas de « m » écrit sur un accord, c'est majeur.

Accord mineur Accord qui comprend une tierce mineure, noté par un « m ». Par exemple, dans Gm la note *si bémol* constitue la tierce mineure.

Accord slash Accord dans lequel une note différente que la fondamentale est joué à la basse. Par exemple, dans l'accord G/B, la note la plus basse jouée est si au lieu de sol.

Ajout Ton qui peut être intégré à un accord afin de le rendre plus intéressant ou plus riche. En général, les ajouts font partie de l'empilement des tierces, tels que les 7-9-11-13. Ils sont notés après la triade, comme dans G^7, et parfois ils sont notés en exposant, comme dans G^7.

Altération ❶ Ton d'une gamme décalée vers le haut ou vers le bas d'un demi-ton. ❷ Tierce ou quinte d'un accord décalée vers le haut ou le bas d'un ou deux demi-tons.

Arpège Accord brisé.

B

Bémol Indique qu'une note est abaissée d'un demi-ton.

C

Chorus Terme anglais qui signifie refrain.

Cinq Abréviation de quinte.

Couplet Dans une chanson pop, c'est la partie qui se répète, mais avec des paroles différentes à chaque fois. Dans la structure pop typique, le couplet précède généralement le refrain.

D

Demi-ton Distance entre deux touches adjacentes, c'est-à-dire sans aucune touche (blanche ou noire) entre elles. Par exemple, *do* et *ré bémol* sont séparés par un demi-ton.

Dièse Indique qu'une note est élevée d'un demi-ton.

E

Empilement des tierces Plusieurs tons avec une tierce entre eux. En règle générale, un accord se compose d'un empilement de tierces, où les tons sont représentés par les chiffres 1–3–5, et ainsi de suite.

F

Fondamentale ❶ Ton sur lequel une gamme est construite. ❷ Ton sur lequel se construit un accord.

G

Gamme Série de sept tons distincts, appartenant à une tonalité spécifique. Par exemple, la gamme de do majeur est constituée de toutes les touches blanches, allant de *do* jusqu'au *do* suivant.

Gamme majeure Gamme qui utilise la tierce majeure. Par exemple, la gamme de ré majeur est composée des tons : *ré–mi–fa dièse–sol–la–si–do dièse–ré*.

Gamme mineure Gamme qui utilise la tierce mineure.

I

Intervalle Distance entre deux tons.

M

Majeur Ce terme est principalement employé en combinaison avec un autre mot. En règle générale, cela indique que, lorsqu'il existe deux versions d'une note, c'est la version la plus élevée qui est utilisée. L'antonyme de majeur est mineur.

Mesure Un regroupement de temps. Dans la plupart des chansons pop, une mesure se compose de quatre temps. Cependant, certaines chansons peuvent avoir trois ou six temps par mesure.

Mineur Ce terme est principalement employé en combinaison avec un autre mot. En règle générale, il désigne la version inférieure d'une note lorsqu'il existe deux variantes. Son antonyme est majeur.

N

Neuf Abréviation de neuvième.

Neuvième ❶ Distance d'une octave plus un ton entier, comme celle qui sépare le *do* et le *ré* une octave plus haut. ❷ Ajout situé un ton au-dessus de la fondamentale. Par exemple, dans l'accord G^9, la note *la* correspond à la neuvième.

Neuvième diminuée ❶ Distance d'une octave plus un demi-ton, soit un total de treize demi-tons. ❷ Ajout situé un demi-ton au-dessus de la fondamentale, noté $^{\flat}9$. Par exemple, dans l'accord $G^{\flat 9}$, la note *la bémol* représente la neuvième diminuée.

O

Octave Distance de douze demi-tons. Il s'agit de la distance entre une note et la première note du même nom au-dessus ou en dessous. Par exemple, la distance entre *do* et le premier *do* au-dessus est une octave.

P

Pédale Abréviation désignant la pédale droite du piano, qui permet de résonner les tons.

Q

Quarte Distance de cinq demi-tons, comme *do–fa*.

Quarte augmentée ❶ Distance qui dépasse d'un demi-pas la quarte, soit un total de six demi-tons. Par exemple, la distance *do–fa dièse* constitue une quarte augmentée. Elle a le même son qu'une quinte diminuée. ❷ Ajout d'une quarte augmentée au-dessus de la fondamentale.

Quarte juste Distance de cinq demi-tons, souvent simplement désignée par le terme quarte.

Quinte ❶ Distance de sept demi-tons, comme en *do–sol*. ❷ Troisième ton dans une triade.

Quinte diminuée ❶ Distance d'une quinte juste diminuée d'un demi-ton, soit un total de six demi-tons, comme en *do–sol bémol*. Elle a le même son qu'une quarte augmentée. ❷ Ton d'un accord situé une quinte diminuée au-dessus de la fondamentale.

Quinte juste Distance de sept demi-tons, souvent désignée simplement par le terme quinte.

R

Refrain C'est la partie d'une chanson pop qui est répétée plusieurs fois avec les mêmes paroles. Dans la forme pop typique, on l'entend pour la première fois après un ou deux couplets. Le refrain est généralement plus énergique et contient plus de paroles répétées que les couplets.

S

Seconde majeure Ton entier.

Seconde mineure Demi-ton.

Sept Abréviation de septième.

Septième ❶ Distance de dix demi-tons, comme du *do* au *si bémol* au-dessus. ❷ Ajout situé un ton entier sous la fondamentale, indiqué par un ^{7}. Par exemple, dans l'accord G^7, la note *fa* est la septième.

Septième majeure ❶ Distance de onze demi-tons, comme du *do* au *si* au-dessus. ❷ Ajout d'une note située un demi-ton sous la fondamentale, indiqué par ^{maj7}. Par exemple, dans l'accord G^{maj7}, la note *fa dièse* est la septième majeure. Cet ajout peut également être indiqué par un triangle, comme dans G^{Δ}.

Six Abréviation de sixième.

Sixième ❶ Distance de huit ou neuf demi-tons, comme en *do–la bémol* ou *do–la*. ❷ Addition située un ton entier au-dessus de la quinte, indiquée par un ^{6}. Par exemple, dans l'accord G^6, la note *mi* est la sixième.

Sixième diminuée ❶ Distance d'une quinte plus un demi-ton. ❷ Ajout situé un demi-ton au-dessus de la quinte. Par exemple, dans l'accord G^{b6}, la note *mi bémol* est la sixième diminuée.

Sus4 Altération d'un accord, dans laquelle une quarte est jouée au lieu d'une tierce. Ce type d'accord est indiqué par sus4. Par exemple, l'accord G^{sus4} est constitué des tons *sol –do–ré*. En général, un accord sus4 a tendance à se résoudre au même accord avec une tierce régulière.

T

Temps Les battements en musique. Les temps sont regroupés en mesures. De nombreuses chansons pop comportent quatre temps dans chaque mesure.

Tierce ❶ Distance de trois ou quatre demi-tons. Dans le premier cas, il s'agit d'une tierce mineure et, dans le second, d'une tierce majeure. ❷ Ton dans un accord situé une tierce au-dessus de la fondamentale.

Tierce majeure ❶ Distance de quatre demi-tons, comme en *do–mi*. ❷ Ton d'accord
situées quatre demi-tons au-dessus de la fondamentale.

Tierce mineure Distance de trois demi-tons, comme en *do–mi bémol*.

Ton Un son d'une hauteur particulière.

Ton entier Distance entre deux tons avec une seule touche (blanche ou noire) entre elles. Par exemple, les tons *do* et *ré* sont séparés par un ton entier l'un de l'autre.

Tonalité La tonalité d'une chanson indique quelle est la fondamentale de la gamme
utilisée et si la gamme est majeure ou mineure. Par exemple, si la tonalité d'une
chanson est *ré mineur*, alors la fondamentale de la chanson est ré et la gamme mineure est utilisée

Tonalité majeure Tonalité avec une tierce majeure.

Tonalité mineure Tonalité avec une tierce mineure.

Notes de basse de connexion Terme, utilisé dans cet ouvrage, qui désigne les tons joués
avec la main gauche juste avant un changement d'accord.

Transition d'accord Passer d'un accord à un autre. En général, les transitions sonnent
mieux lorsque les mêmes tons sont utilisés (si possible) et que les sauts sont petits.

Triade Accord composé de trois tons seulement, la fondamentale, la tierce et la quinte.
Cela signifie qu'une triade n'a aucun ajout.

V

Verse Anglais pour couplet.

Voicing La façon dont un accord est joué. Par exemple, dans l'accord G, la note *ré* peut
être au-dessus, tout comme le *si* ou le *sol*.